gesund essen

schnell & einfach

120 gesunde und leckere Rezepte für die ganze Familie

Herausgegeben vom Verlag – © VERDON CAPITE s.r.o., Prag 2021
als dessen 1. Veröffentlichung, 224 Seiten
Firmensitz: Bělehradská 858/23, 120 00 Praha 2
www.gesundessen.de
ISBN 978-80-88387-14-5
© VERDON CAPITE s.r.o., 2021, alle Rechte vorbehalten

gesund essen

schnell & einfach

Alle Rezepte wurden ausgedacht, gekocht,
probiert und fotografiert von

B + B + P + J

Bára L. kocht und fotografiert gerne.
Bára H. denkt sich Rezepte aus.
Petr kocht und fotografiert nicht. Dafür experimentiert er gerne mit der Zusammensetzung von Rezepten und probiert das Ergebnis.

Was haben sie gemeinsam?
Alle drei studieren und interessieren sich dafür, was und wie sie essen.
Sie haben auch dieses Kochbuch zusammengestellt und auf eigene Faust herausgegeben.

Zu diesem Zeitpunkt waren sie im Schnitt einundzwanzig Jahre alt.

Sie haben Mama Jana mit ins Team genommen, die ihre Rezepte fleißig ausprobiert, kommentiert und mit der gesamten Familie testet.

Ob Ihr es glaubt oder nicht, dieses Buch ist auf der Strecke Dänemark – Tschechien entstanden. Für einige der Rezepte fuhren die Zutaten sogar im Auto durch halb Europa. Und jetzt gelangt unser Buch auch zu Euch, nach Deutschland. In das Land, mit dem uns so viel verbindet. In dem wir alle drei eine Zeitlang gelebt haben.

Aber das ist wieder eine andere Geschichte. Die über das Kochbuch findet Ihr auf der nächsten Seite.

Haferpfannkuchen aus Hüttenkäse

Vorbereitungszeit: 5 Minuten
Koch-/Backzeit: 8 Minuten

Schwierigkeit: einfach
Portionen: 4

- **100 g Hüttenkäse**
- **1 Ei**
- **160 g gemahlene Haferflocken**
- **1 TL Zimt**
- **1 TL phosphatfreies Backpulver**
- **1 Banane**
- **80 ml Sojamilch**

Alle Zutaten in den Mixer geben und glattmixen.
Aus dem Teig kleine Pfannkuchen in eine Antihaft-Pfanne geben und 2 Minuten von beiden Seiten braten.

TIPP Die Pfannkuchen mit frischem Obst und Joghurt servieren.

Nährwertangaben für 1 Portion:
237 kcal | 11 g Eiweiß | 35 g Kohlenhydrate | 6 g Fett

Haferbrei über Nacht

Vorbereitungszeit: 5 Minuten
Koch-/Backzeit: 0 Minuten

Schwierigkeit: einfach
Portionen: 1

- **1 mittelgroße Banane**
- **120 ml Milch**
- **40 g Haferflocken**
- **100 g griechischer Joghurt**
- **5 g Chia-Samen**
- **1 TL Zimt**
- **40 g frische Himbeeren**

Ein verschließbares Glas zur Hand nehmen, z. B. ein Einmachglas. Die Banane in einer Schüssel mit der Gabel zerdrücken, dann Milch, Haferflocken, Joghurt, Chia-Samen und Zimt hinzugeben. Das Ganze verrühren und die Himbeeren dazugeben. Erneut verrühren und die Mischung in das Glas füllen. Das Glas verschließen und über Nacht in den Kühlschrank stellen.

TIPP Ihr könnt anstelle von Himbeeren saisonales Obst für den Brei verwenden.

Nährwertangaben für 1 Portion:
427 kcal | 22 g Eiweiß | 69 g Kohlenhydrate | 7 g Fett

Brownies-Waffeln

Vorbereitungszeit: 5 Minuten
Koch-/Backzeit: 5 Minuten

Schwierigkeit: einfach
Portionen: 6

- **2 Eier**
- **300 ml Sojamilch**
- **160 g fein gemahlenes Roggenmehl**
- **30 g holländischer Kakao**
- **10 g Chia-Samen**
- **1 EL Honig**
- **1 EL Backpulver**
- **1 TL Zimt**
- **50 g Zartbitterschokolade (85 %)**

Die Eier in einer Schüssel verquirlen. Die Milch hinzugeben und nach und nach die weiteren Zutaten hinzugeben, als letztes die im Wasserbad* geschmolzene Zartbitterschokolade.

Den fertigen Teig in das Waffeleisen geben und 3–4 Minuten backen (abhängig vom Waffeleisentyp).

TIPP
Ihr könnt die Waffeln anschließend mit Honig beträufeln, besonders gut schmecken sie mit frischem Obst.

* Vorgehen für die Vorbereitung des Wasserbads siehe Seite 219.

Nährwertangaben für 1 Portion:
218 kcal | 10 g Eiweiß | 26 g Kohlenhydrate | 8 g Fett

Acai-Bowl

Vorbereitungszeit: 5 Minuten
Koch-/Backzeit: 0 Minuten

Schwierigkeit: einfach
Portionen: 2

- 100 g gefrorene Waldbeeren
- 1 TL Acai-Beeren-Pulver*
- 250 ml Mandelmilch
- 1 gefrorene Banane

ZUM GARNIEREN
- 1 Handvoll frische Waldbeeren
- ½ Blutorange (geschält und in Scheiben geschnitten)
- 1 TL Chia-Samen
- 30 g Kokoschips
- 2 Himbeeren (in der Mitte durchgeschnitten)

Die gefrorenen Waldbeeren und die Banane zusammen mit dem Acai-Pulver und der Mandelmilch im Mixer zu einem glatten Brei zerkleinern.

Den Brei auf zwei Schälchen verteilen und mit Waldbeeren, Orange, Chia-Samen, Kokoschips und Himbeeren garnieren.

TIPP
In die Acai-Bowl könnt Ihr nach Belieben alle Sorten von Obst, Nüssen oder Nussbutter hinzugeben.

* Acai ist ein ursprünglich aus Amazonien stammendes Beerenobst, von der Form her erinnert es an Heidelbeeren. Es enthält von allen Obstsorten die meisten Antioxidantien und zählt zu Recht zu den gesündesten Lebensmitteln der Welt.

Nährwertangaben für 1 Portion:
297 kcal | 7 g Eiweiß | 30 g Kohlenhydrate | 17 g Fett

Granola mit Mandelbutter

- 200 g Haferflocken
- 1 EL holländischer Kakao
- 1 Prise Salz
- 60 g Honig
- 50 g Kokosöl (geschmolzen)
- 150 g Mandelbutter
- 50 g Zartbitterschokoladenlinsen (oder gehackte Zartbitterschokolade)
- 100 g gehobelte Mandeln

Den Backofen auf 160 °C vorheizen. Die Haferflocken, den Kakao und eine Prise Salz in einer Schüssel verrühren. Den Honig, das geschmolzene Kokosöl und die Butter zugeben.

Die Mischung gründlich verrühren und auf einem mit Backpapier ausgelegten Backblech verteilen. Im vorgeheizten Backofen 25–30 Minuten bei 150–160 °C backen. Das Granola während des Backens mehrmals durchrühren. Nach dem Backen die Schokoladenlinsen und die Mandeln hinzugeben. In einem verschließbaren Glasgefäß aufbewahren.

10 Portionen / Nährwertangaben für 1 Portion:
325 kcal | 9 g Eiweiß | 26 g Kohlenhydrate | 21 g Fett

Ingwer-Granola

- 200 g Haferflocken
- 80 g geraspelte Kokosnuss
- 1 EL Chia-Samen
- 100 g gehackte Walnüsse
- 2 TL Zimt
- 1 TL getrockneter Ingwer
- 90 g Reissirup (eventuell Honig)
- 70 g Kokosöl
- 100 g getrocknete Preiselbeeren

Den Backofen auf 160 °C vorheizen.
Haferflocken, geraspelte Kokosnuss, Chia-Samen, Walnüsse, Zimt und getrockneten Ingwer in eine große Schüssel geben. Die Mischung mit einem Kochlöffel umrühren. Das geschmolzene Kokosöl zusammen mit dem Reissirup in die Schüssel geben und die Mischung mit den Händen gut vermengen.

Die Mischung auf einem mit Backpapier ausgelegten Backblech verteilen und in den Backofen geben. 25 Minuten bei 150–160 °C backen und während des Backens mehrmals durchrühren. Für die letzten 5 Minuten geben wir die Preiselbeeren mit auf das Backblech.

11 Portionen / Nährwertangaben für 1 Portion:
307 kcal | 5 g Eiweiß | 29 g Kohlenhydrate | 19 g Fett

Apfel-Granola

- 250 g Dinkelflocken (können durch Haferflocken ersetzt werden)
- 100 g Apfelmus ohne Zuckerzusatz
- 40 g Kokosöl (geschmolzen)
- 30 g Honig
- 70 g gehackte Pekannüsse
- 1 Prise Salz

Den Backofen auf 160 °C vorheizen.

Die Haferflocken sowie Apfelmus, Kokosöl, Honig, Pekannüsse und Salz in eine Schüssel geben. Alles verrühren und eine Mischung herstellen, die gleichmäßig auf einem mit Backpapier ausgelegten Backblech verteilt wird.

25-30 Minuten bei 150–160 °C backen lassen. Das Granola während des Backens mehrmals durchmischen.

10 Portionen / Nährwertangaben für 1 Portion:
189 kcal | 4 g Eiweiß | 21 g Kohlenhydrate | 10 g Fett

Kakao-Granola

- 2 kleinere Bananen
- 30 g Kokosöl (geschmolzen)
- 230 g Roggenflocken
- 1 TL holländischer Kakao
- 50 g Zartbitterschokolade
- 50 g gehobelte Mandeln
- 1 TL Honig

Die Bananen zusammen mit dem Kokosöl kleinmixen. Die Roggenflocken, den Kakao, die Mandeln und den Honig hinzugeben. Alles gründlich verrühren.

Die Mischung auf einem mit Backpapier ausgelegten Backblech verteilen und 25-30 Minuten bei 150–160 °C backen.

Die Mischung während des Backens mindestens zweimal mit einem Kochlöffel umrühren. Die geraspelte Zartbitterschokolade mit dem warmen Granola vermischen und alles abkühlen lassen. In einem verschließbaren Gefäß aufbewahren.

12 Portionen / Nährwertangaben für 1 Portion:
149 kcal | 4 g Eiweiß | 18 g Kohlenhydrate | 7 g Fett

Bananenpfannkuchen

Vorbereitungszeit: 5 Minuten
Koch-/Backzeit: 4 Minuten

Schwierigkeit: einfach
Portionen: 2

- 1 Banane
- 2 Eier
- 30 g Haferflocken
- 15 g Kokosöl
- 2 EL fein gemahlenes Vollkorn-Dinkelmehl
- 1 TL Honig
- 1 TL Zimt
- 1 TL phosphatfreies Backpulver

Alle Zutaten zu einem glatten Teig kleinmixen. Aus dem Teig kleine Pfannkuchen formen und in einer Antihaft-Pfanne oder in einer Pfanne auf einem Esslöffel Kokosöl 2 Minuten von beiden Seiten backen.

TIPP Die Pfannkuchen zum Beispiel mit Avocadoschaum servieren - Seite 158.

Nährwertangaben für 1 Portion:
307 kcal | 11 g Eiweiß | 34 g Kohlenhydrate | 15 g Fett

Chia-Pudding mit Mangopüree

Vorbereitungszeit: 10 Minuten
Koch-/Backzeit: 0 Minuten

Schwierigkeit: einfach
Portionen: 1

- **30 g Chia-Samen**
- **200 ml Milch**
- **½ Mango**
- **einige Tropfen Stevia**
- **10 g geraspelte Kokosnuss zum Bestreuen**

Die Chia-Samen zusammen mit Stevia in der Milch verrühren und im Kühlschrank mindestens 30 Minuten quellen lassen. Die Mango in Scheiben schneiden und in ein Glas geben, den fertigen Pudding hinzugeben und mit dem Kokos bestreuen. Den Pudding sofort servieren oder im Kühlschrank aufbewahren.
Der Pudding ist ca. 1 Woche haltbar.

TIPP Chia-Pudding ist ein hervorragendes Frühstück oder Vesper. Es genügt, die Samen über Nacht quellen zu lassen und am Morgen Joghurt und Obst hinzuzugeben.

Nährwertangaben für 1 Portion:
448 kcal | 15 g Eiweiß | 52 g Kohlenhydrate | 20 g Fett

Waffeln mit Buttermilch und Zimt

Vorbereitungszeit: 5 Minuten
Koch-/Backzeit: 3 Minuten

Schwierigkeit: einfach
Portionen: 4

- **200 ml Buttermilch**
- **100 ml Milch**
- **1 EL Honig**
- **1 EL Kokosöl (geschmolzen)**
- **2 Eier**
- **220 g fein gemahlenes Vollkorn-Dinkelmehl**
- **1 TL phosphatfreies Backpulver**
- **1 TL gemahlener Zimt**
- **1 Prise Salz**

Die Buttermilch zusammen mit Milch, Honig, Kokosöl und Eiern in einer Schüssel verquirlen.

Allmählich das Vollkornmehl sowie Backpulver, Salz und Zimt in die Mischung einarbeiten.

Den Teig in das Waffeleisen geben und 2–3 Minuten backen.

Die Backdauer hängt von der Erfahrung mit dem eigenen Waffeleisen ab.

TIPP Beträufelt die fertigen Waffeln mit Ahornsirup und garniert sie mit Blutorange und beliebigem kleinem Obst, etwa Johannisbeeren.

Nährwertangaben für 1 Portion:
317 kcal | 13 g Eiweiß | 47 g Kohlenhydrate | 9 g Fett

Überbackener Haferbrei

Vorbereitungszeit: 15 Minuten
Koch-/Backzeit: 30 Minuten

Schwierigkeit: einfach
Portionen: 6

- 2 Bananen
- 2 EL Honig
- 230 g Haferflocken
- 2 TL phosphatfreies Backpulver
- 200 ml Vanille-Sojamilch (es kann auch normale verwendet werden)
- 50 g gehackte Pekannüsse
- 2 Eier
- 1 EL Erdnussbutter
- 20 g geraspelte Kokosnuss
- 20 g Kokosöl zum Einfetten der Form

Den Ofen auf 180 °C vorheizen. In einer großen Schüssel 2 Bananen mit der Gabel zerdrücken. Den Honig hinzugeben und verrühren. Nach und nach die Haferflocken und das Backpulver hinzugeben und mit der Sojamilch übergießen. Die Pekannüsse, die Eier und die Erdnussbutter zusammen mit den Kokosraspeln unter den Teig rühren.

Den Teig in eine kleine eingefettete Backform füllen (15 × 15 cm). Die Backform in den Backofen geben und 30 Minuten bei 170–180 °C backen.

TIPP Ihr könnt in den Teig Rosinen, Datteln oder alle Arten von Nüssen hinzugeben.

Nährwertangaben für 1 Portion:
377 kcal | 10 g Eiweiß | 45 g Kohlenhydrate | 17 g Fett

Gebackene Avocado mit Ei

Vorbereitungszeit: 5 Minuten
Koch-/Backzeit: 20 Minuten

Schwierigkeit: einfach
Portionen: 2

- **1 Avocado**
- **2 Eier**
- **4 Cherry-Tomaten**
- **2 TL getrockneter Koriander**
- **Salz**
- **Pfeffer**

Den Backofen auf 190 °C vorheizen. Die Avocado halbieren und entkernen.

Mit einem Teelöffel in der Mitte beider Hälften eine größere Vertiefung ausheben. Die Eier aufschlagen und jedes in eine Hälfte geben, kleingeschnittene Cherry-Tomaten hinzugeben und mit Salz, Pfeffer und Koriander bestreuen. Ca. 20 Minuten bei 180–190 °C backen lassen.

TIPP Ihr könnt die Avocado zum Beispiel mit Mozzarella und Schinken überbacken.

Nährwertangaben für 1 Portion:
319 kcal | 8 g Eiweiß | 7 g Kohlenhydrate | 29 g Fett

Hausgemachter Frischkäse

Vorbereitungszeit: 15 Minuten
Koch-/Backzeit: 0 Minuten

Schwierigkeit: einfach
Portionen: 1

— **200 ml Sojasahne**
— **500 g Bauernjoghurt (3,5 % Fett)**

Eine große Schüssel bereitstellen und ein Sieb darüberlegen. Das Sieb mit einem sauberen Tuch auslegen und mit der mit Joghurt vermischten Sahne befüllen. Bei Raumtemperatur bis zum nächsten Tag stehen lassen. Aus dem Sieb tropft das überschüssige Wasser ab und zurück bleibt der reine Frischkäse.

Ergibt ca. 450 g Frischkäse – wichtige Information für weitere Rezepte.

TIPP Ihr könnt den Frischkäse zum Beispiel für das Kakaodessert oder den Eiaufstrich aus unserem Kochbuch verwenden. Hervorragend schmeckt er auch zum Beispiel auf Brot, mit Gurkenscheiben belegt und mit Kresse bestreut.

Nährwertangaben für 1 Portion:
706 kcal | 25 g Eiweiß | 30 g Kohlenhydrate | 54 g Fett

Kakaodessert aus hausgemachtem Frischkäse

Vorbereitungszeit: 5 Minuten
Koch-/Backzeit: 0 Minuten

Schwierigkeit: einfach
Portionen: 1

- **160 g hausgemachter Frischkäse**
- **10 g holländischer Kakao**
- **1 TL Stevia**
- **1 TL Vanilleextrakt**

Alle Zutaten vermischen und das Dessert ist fertig zum Verzehr.

TIPP
Wenn Ihr kein Stevia im Haus habt, könnt Ihr z. B. Honig oder Ahornsirup als Süßungsmittel benutzen. Das Rezept für den hausgemachten Frischkäse findet Ihr auf Seite 32.

Nährwertangaben für 1 Portion:
281 kcal | 11 g Eiweiß | 12 g Kohlenhydrate | 21 g Fett

Ei-Aufstrich aus hausgemachtem Frischkäse

Vorbereitungszeit: 5 Minuten
Koch-/Backzeit: 0 Minuten

Schwierigkeit: einfach
Portionen: 4

- **4 hartgekochte Eier**
- **1 Frühlingszwiebel**
- **300 g hausgemachter Frischkäse ***
- **Salz**
- **Pfeffer**

Die Eier in kleine Würfel schneiden, die Frühlingszwiebel in Ringe schneiden, in eine Schüssel geben und mit dem Frischkäse verrühren. Mit Salz und Pfeffer abschmecken.

Für ca. 20 Minuten in den Kühlschrank stellen und mit Vollkorngebäck servieren.

TIPP Ihr könnt einen halben Teelöffel Kurkuma in den Aufstrich mischen.

*Das Rezept für den hausgemachten Frischkäse findet Ihr auf Seite 32.

Nährwertangaben für 1 Portion:
194 kcal | 10 g Eiweiß | 6 g Kohlenhydrate | 15 g Fett

Suppen

Im Herbst und im Winter wärmen sie, im Sommer führen sie dem Körper Flüssigkeit zu. Mit jedem Teller Suppe bekommt Ihr außerdem eine ordentliche Portion an Nährstoffen serviert und dazu eine Geschmacksvielfalt, bei der keine Langeweile aufkommt. Und falls doch, reicht es, ein oder zwei Zutaten zu ändern, und sofort ist ein neuer Geschmack geboren. Kurz gesagt, Suppen sind eine prima Sache.

Wir haben sechs nicht traditionelle Rezepte für Euch vorbereitet, die gut dazu geeignet sind, Euer Suppenrepertoire zu erweitern. Ihr findet keine Mehlschwitze darin, stattdessen enthalten sie viel Gemüse, Hülsenfrüchte und weitere gesunde Leckerbissen. Und mehr noch, wenn Ihr geschmacksintensive Gewürze meidet und die Suppe zu einer feinen Creme kleinmixt, habt Ihr garantiert auch bei Kindern Erfolg, die um Gemüse manchmal einen weiten Bogen machen.

Unter den Rezepten findet Ihr auch eine Kürbissuppe, die in den letzten Jahren zu dem Star unserer Herbst- und Wintermenüs geworden ist. Und wir wetten mit Euch, dass Ihr die Variante mit kleingeschnittenen Äpfeln noch nicht kennt. Falls Ihr gerne leicht pikante oder wirklich scharfe Mahlzeiten mögt, probiert unsere Rezepte mit Karotten und roten Linsen.

Alle Suppen sind so sättigend und nährstoffreich, dass sie auch als Ersatz für eine Hauptmahlzeit taugen.

Rote-Linsen-Suppe

Vorbereitungszeit: 10 Minuten
Koch-/Backzeit: 35 Minuten

Schwierigkeit: mittelschwer
Portionen: 4

- **2 EL Olivenöl**
- **1 Frühlingszwiebel**
- **200 g Karotten**
- **2 gepresste Knoblauchzehen**
- **30 g Tomatenmark ohne Zucker**
- **200 g gehackte Tomaten aus der Dose**
- **1 l Gemüsebrühe**
- **150 g rote Linsen**
- **2 TL getrockneter Thymian**
- **Salz**
- **Pfeffer**

Die fein gehackte Frühlingszwiebel in Olivenöl anbraten. Die in Scheiben geschnittene Karotte hinzugeben und ca. 5 Minuten garen lassen. Den gepressten Knoblauch in die Pfanne geben und weitere 2 Minuten garen lassen.

Das Tomatenmark und die Tomaten beimischen und alles mit der Gemüsebrühe übergießen. Die Suppe aufkochen lassen und die roten Linsen mit dem Thymian hinzugeben. Kochen, bis die Linsen weich sind, das dauert ca. 25 Minuten. Die Suppe mit Salz und Pfeffer abschmecken.

TIPP
Falls Ihr gerne Scharfes mögt, könnt Ihr auch eine Prise getrockneten Chili in die Suppe mischen.

Nährwertangaben für 1 Portion:
251 kcal | 11 g Eiweiß | 34 g Kohlenhydrate | 8 g Fett

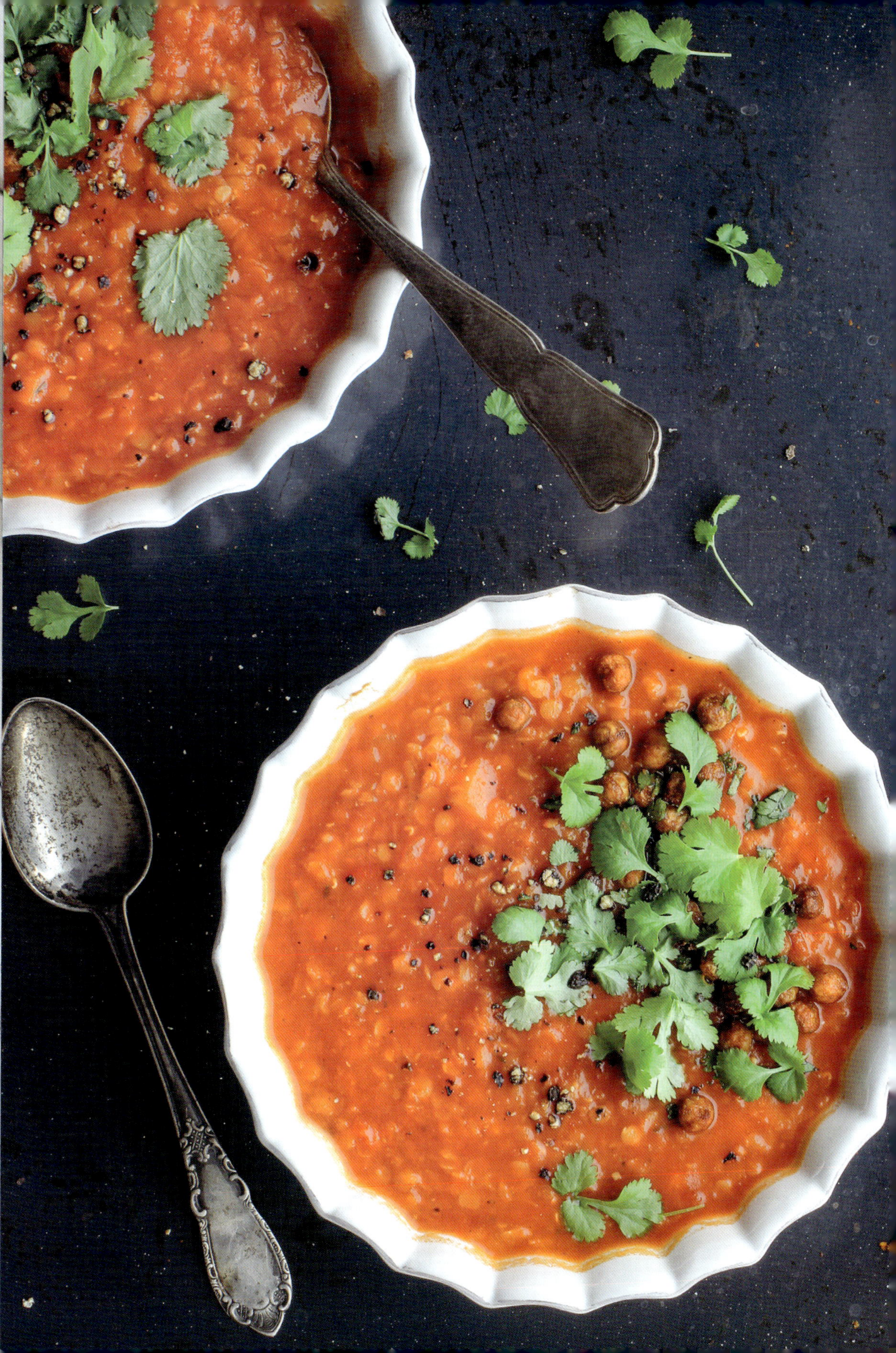

Suppe mit Kichererbsen

Vorbereitungszeit: 15 Minuten
Koch-/Backzeit: 30 Minuten

Schwierigkeit: einfach
Portionen: 4

- **1 mittelgroße Zwiebel**
- **1 EL Olivenöl**
- **40 g fein gemahlenes Vollkorn-Dinkelmehl**
- **½ TL geriebene Muskatnuss**
- **2 l Gemüsebrühe**
- **1 TL gemahlene geräucherte Paprika**
- **300 g vorgekochte Kichererbsen**
- **100 g vorgekochte weiße Bohnen**
- **4 EL Bulgur***
- **120 ml Hafersahne**
- **frische Petersilie zum Garnieren**
- **Salz**
- **Pfeffer**

In einem großen Topf die fein gehackte Zwiebel in Olivenöl anschwitzen. Mit Vollkornmehl bestäuben und umrühren. Geräucherte Paprika und Muskatnuss hinzugeben. Mit Brühe ablöschen und anschließend die Kichererbsen zusammen mit den Bohnen in den Topf dazugeben.

10–15 Minuten kochen lassen und den Bulgur hinzugeben. Weitere 10 Minuten bei geschlossenem Deckel kochen lassen, anschließend die Sahne hinzugeben. Die Suppe glattmixen, mit Salz und Pfeffer abschmecken und mit frischer Petersilie bestreut servieren.

TIPP Anstelle von Bulgur könnt Ihr bei gleichem Vorgehen Vollkorncouscous verwenden.

*Bulgur ist Vollkornweizen mit einem typisch nussigen Geschmack. Er ist leicht verdaulich und einfach erhältlich.

Nährwertangaben für 1 Portion:
311 kcal | 12 g Eiweiß | 46 g Kohlenhydrate | 9 g Fett

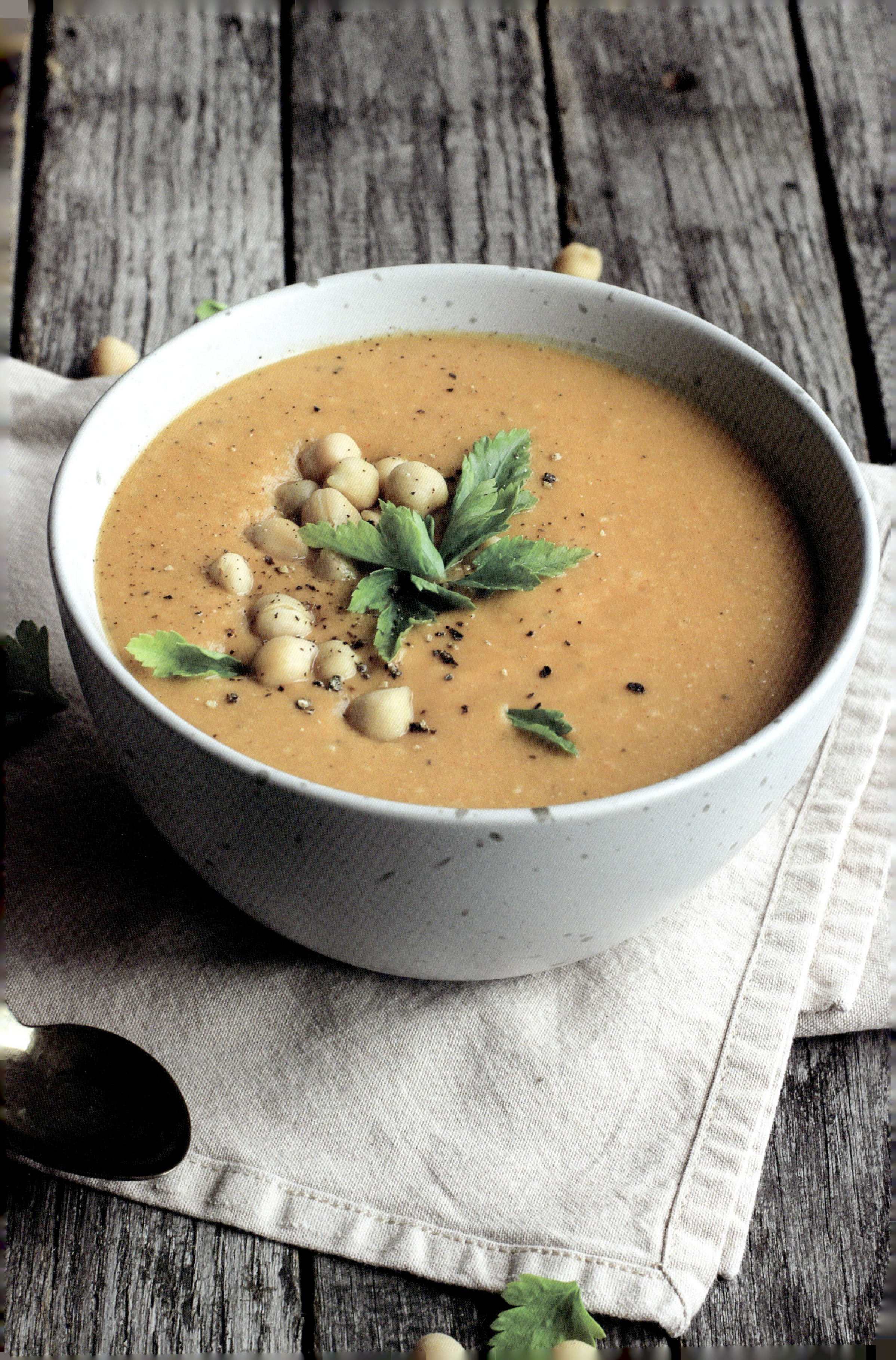

Gemüsesuppe mit Couscous

Vorbereitungszeit: 20 Minuten
Koch-/Backzeit: 20 Minuten

Schwierigkeit: einfach
Portionen: 4

- **2 EL Olivenöl**
- **2 Schalotten**
- **2 Karotten**
- **3 Knoblauchzehen**
- **200 g Sellerie**
- **100 g Brokkoli**
- **100 g Blumenkohl**
- **1,5 l Gemüsebrühe**
- **50 g Vollkorncouscous**
- **1 EL getrocknete Petersilie**
- **1 Handvoll frischer Schnittlauch**
- **Salz**
- **Pfeffer**

Die fein gehackten Schalotten in Olivenöl anschwitzen. Die gepressten Knoblauchzehen hinzugeben und 2 Minuten garen lassen.

In Scheiben geschnittene Karotten und grob geraspelten Sellerie zugeben. 10 Minuten garen lassen und dann mit 1,5 Liter Gemüsebrühe übergießen. Den Brokkoli zusammen mit dem Blumenkohl und dem Couscous hinzugeben. Weitere 5 Minuten kochen lassen.

Zum Schluss mit Salz, Pfeffer und Petersilie abschmecken. Die Suppe mit frischem Schnittlauch servieren.

TIPP Anstatt Couscous könnt Ihr Vollkornpasta in die Suppe geben.

Nährwertangaben für 1 Portion:
230 kcal | 6 g Eiweiß | 33 g Kohlenhydrate | 8 g Fett

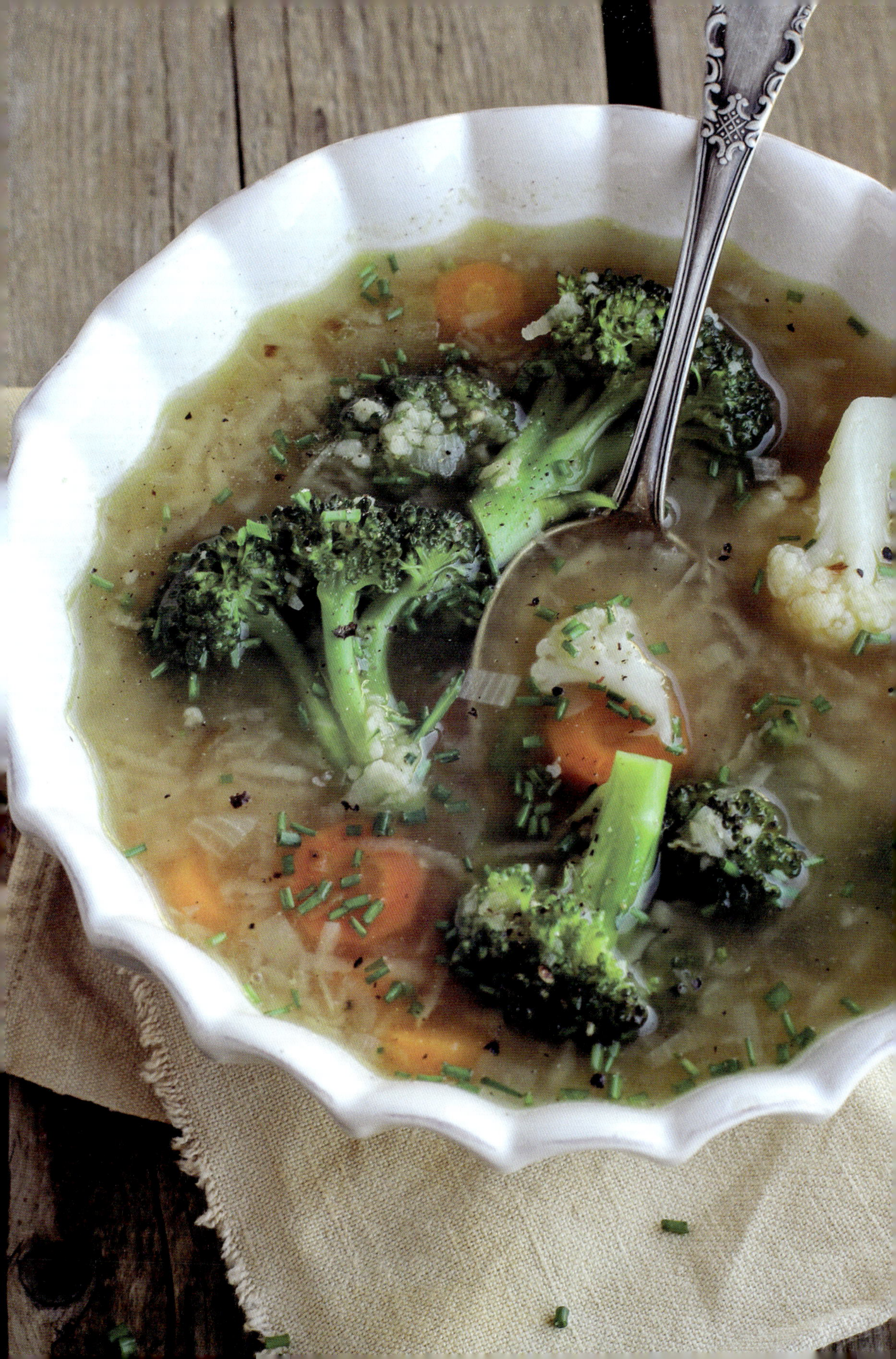

Karottensuppe mit Chili

Vorbereitungszeit: 10 Minuten
Koch-/Backzeit: 35 Minuten

Schwierigkeit: einfach
Portionen: 4

- **500 g Karotten**
- **1 EL Olivenöl**
- **50 g Zwiebel**
- **1 Chilischote**
- **800 ml Gemüsebrühe**
- **300 ml Kokosmilch aus der Dose**
- **1 Limette**
- **Salz**
- **Pfeffer**
- **2 Scheiben Vollkornbrot**

Die Karotten schälen und in kleine Würfel schneiden. Das Olivenöl in der Pfanne erhitzen, die fein gehackte Zwiebel hinzugeben und glasig andünsten.

Die in kleine Würfel geschnittenen Karotten mit in die Pfanne geben, anschließend die fein gehackte Chilischote hinzugeben.

Leicht dünsten lassen (ca. 1 Minute), mit der Brühe übergießen, zum Sieden bringen und köcheln, bis die Karotten weich sind (ca. 30 Minuten).

Die Suppe von der Platte nehmen, die Kokosmilch hinzugeben, und mit dem Mixstab zerkleinern.

Anschließend durch ein Sieb passieren, die Schale von einer Limette hinzugeben, salzen und pfeffern.
Die Suppe wird mit trocken getoasteten Brotscheiben serviert.

TIPP Ihr könnt die Suppe mit gerösteten Kürbis- oder Sesamkernen garnieren.

Nährwertangaben für 1 Portion:
305 kcal | 5 g Eiweiß | 30 g Kohlenhydrate | 19 g Fett

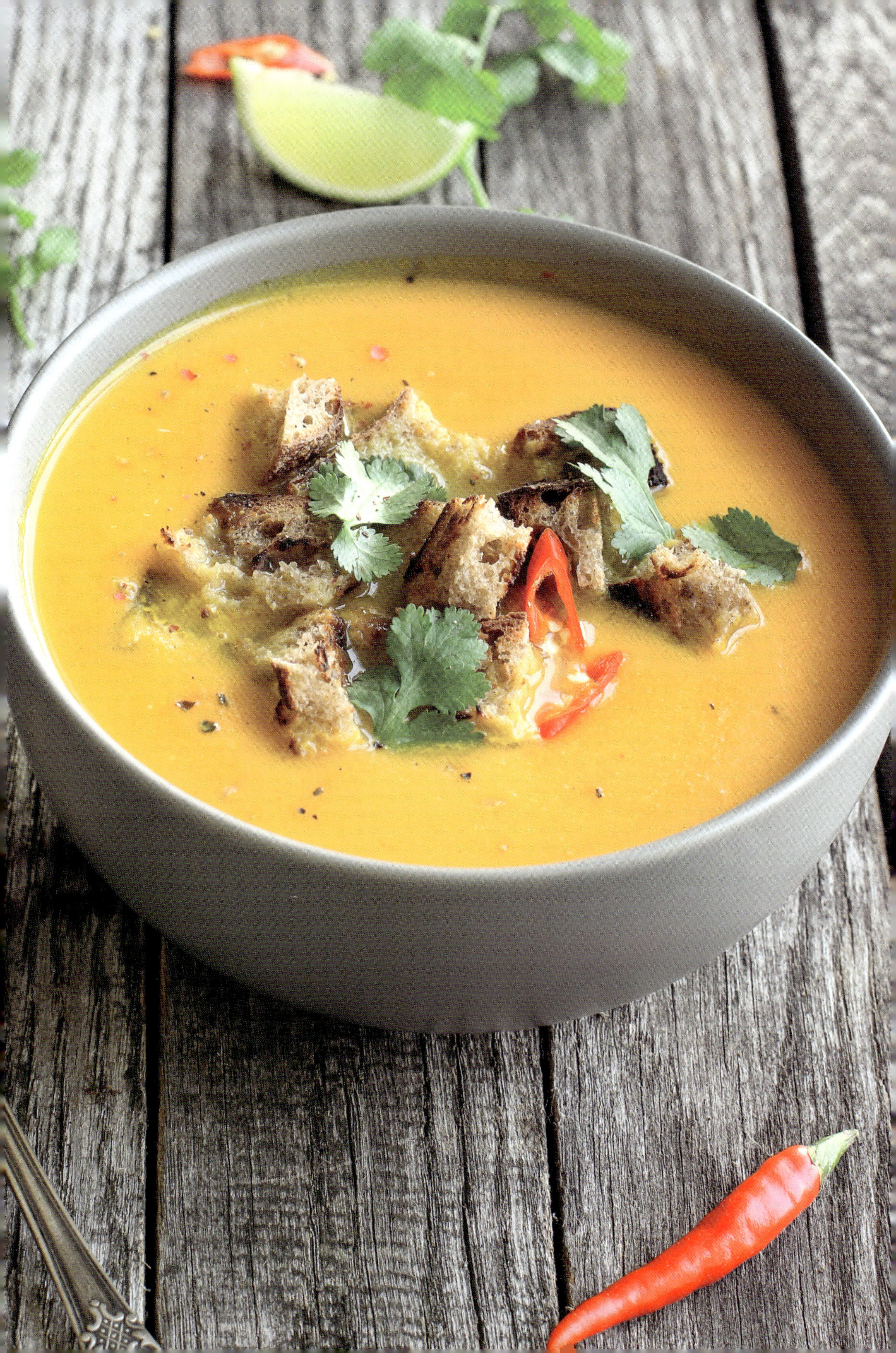

Tomatensuppe

Vorbereitungszeit: 10 Minuten
Koch-/Backzeit: 35 Minuten

Schwierigkeit: einfach
Portionen: 4

- **2 EL Olivenöl**
- **2 Schalotten**
- **1 Knoblauchzehe**
- **400 g geschälte Tomaten aus der Dose**
- **500 ml Gemüsebrühe**
- **einige Blätter frisches Basilikum**
- **Salz**
- **Pfeffer**

Im Topf bei mittlerer Hitze 2 Esslöffel Olivenöl erhitzen. Die Schalotten putzen, fein hacken und im Topf anbraten.

Die gepresste Knoblauchzehe zugeben und etwa eine weitere Minute garen lassen. Danach die geschälten Tomaten hinzugeben, mit der Brühe übergießen, salzen, pfeffern und 30 Minuten kochen lassen.

Zum Schluss die Suppe kleinmixen, in die Teller füllen, mit frischem Basilikum verzieren und mit Vollkorngebäck servieren.

TIPP Ihr könnt in die Suppe zwecks Geschmack und Aroma einen halben Teelöffel Zimt zugeben.

Nährwertangaben für 1 Portion:
136 kcal | 3 g Eiweiß | 14 g Kohlenhydrate | 8 g Fett

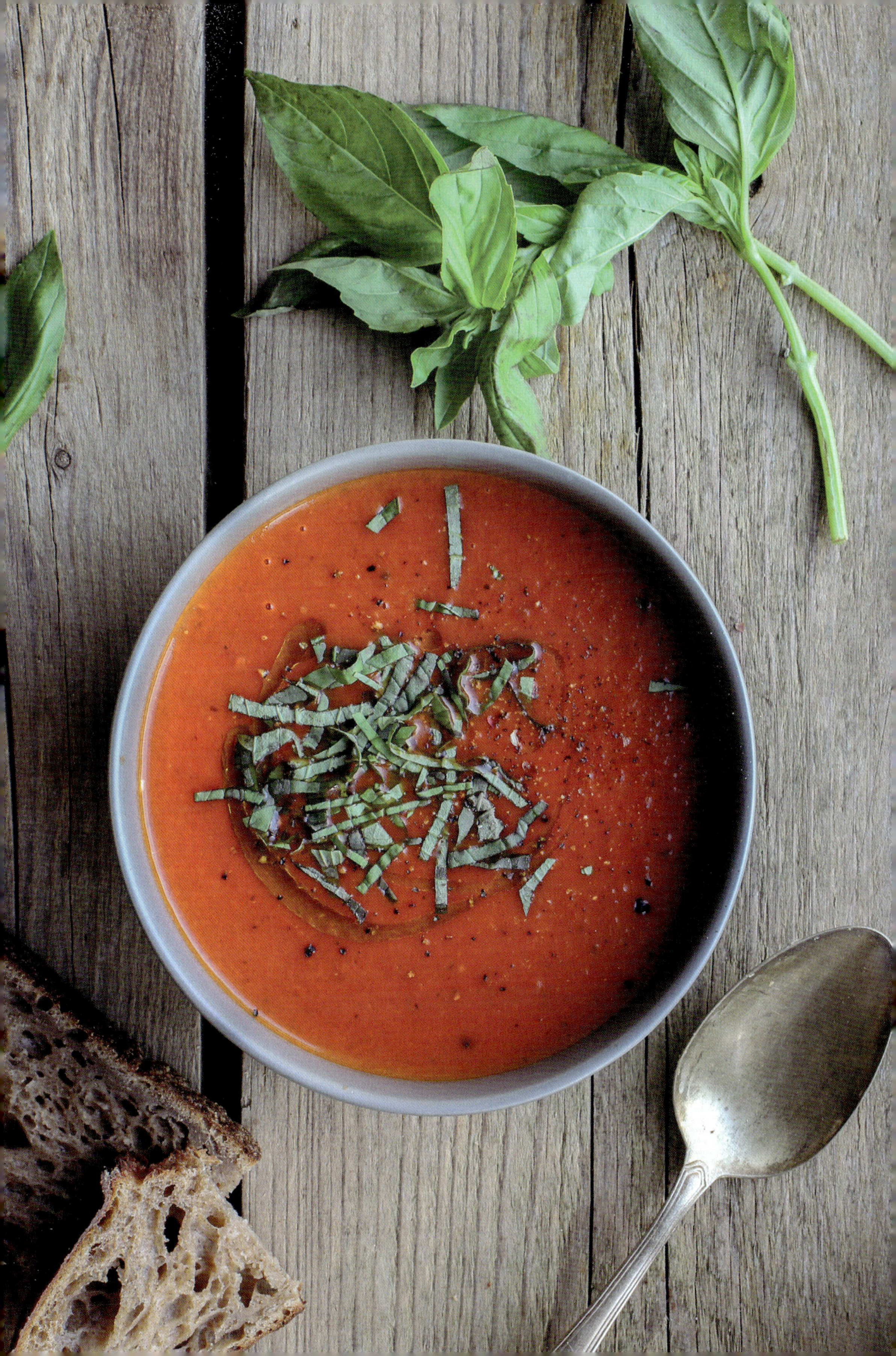

Hauptgerichte

Ihr habt Euch bis zu der Gerichte-Kategorie vorgeblättert, in der Ihr die größte Auswahl an Rezepten findet. Diese haben wir so ausgewählt, dass Ihr beliebte Köstlichkeiten aus verschiedenen Teilen der Welt probieren könnt. Etwas aus Italien, etwas aus Mexiko oder auch aus Indien. Beim Zusammenstellen der gesünderen Rezeptvarianten haben wir uns an eine einfache Regel gehalten – die Zubereitung darf nicht mehrere Stunden in Anspruch nehmen.

Wir können ruhigen Gewissens sagen, dass, obwohl es sich um leichte Mahlzeiten handelt, sie auch die stärksten Esser satt bekommen. Die meisten davon könnt Ihr Euch auch während der Arbeitswoche schmecken lassen. Warum? Weil Ihr danach nicht mit dem Kopf auf der Tastatur einschlafen werdet.

Es genügt, ein wenig mit den Zutaten zu experimentieren und sich den idealen Ersatz für diejenigen Zutaten auszudenken, die wir gewohnt sind. Ein Beispiel: habt Ihr schon einmal probiert, Blumenkohl mit Curry zu kombinieren? Oder die Nudel-Sahnesoße durch Avocado-Soße mit Nüssen zu ersetzen? Sogar das Mehl in italienischer Pizza lässt sich auf einfache Weise vermeiden. Wir müssen nur anstelle von klassischem Teig gemahlene Haferflocken oder Blumenkohl verwenden.

Wir sind sicher, dass Ihr von den neuen Geschmacksrichtungen angenehm überrascht sein werdet!

Vielleicht wird Euch beim ersten Durchlesen die Vielzahl an Gemüserezepten überraschen. Aber Ihr könnt uns ruhig glauben, sobald Ihr sie zubereitet und serviert, wird niemand danach fragen, ob Kürbis, Karotte oder etwa Zucchini im Essen ist.

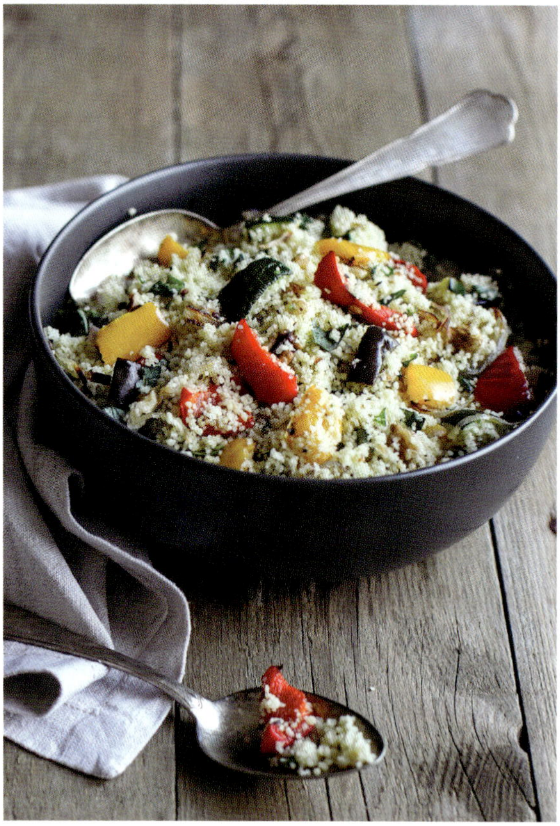

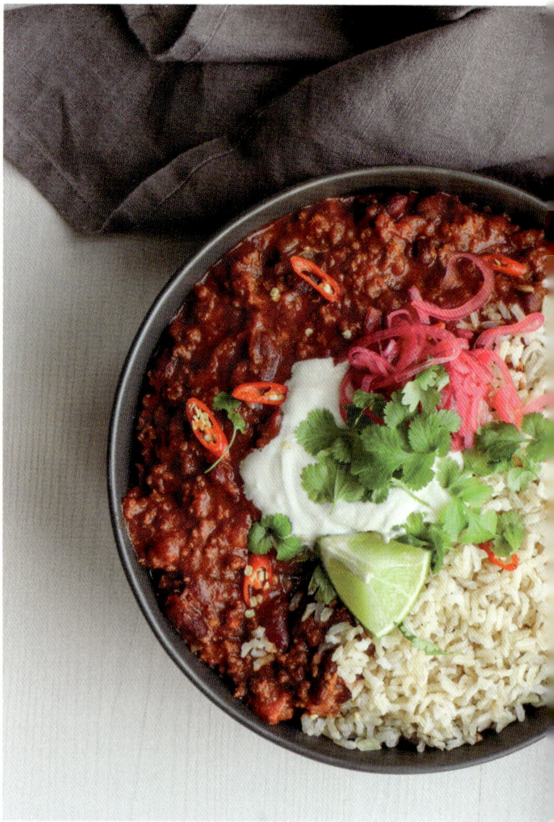

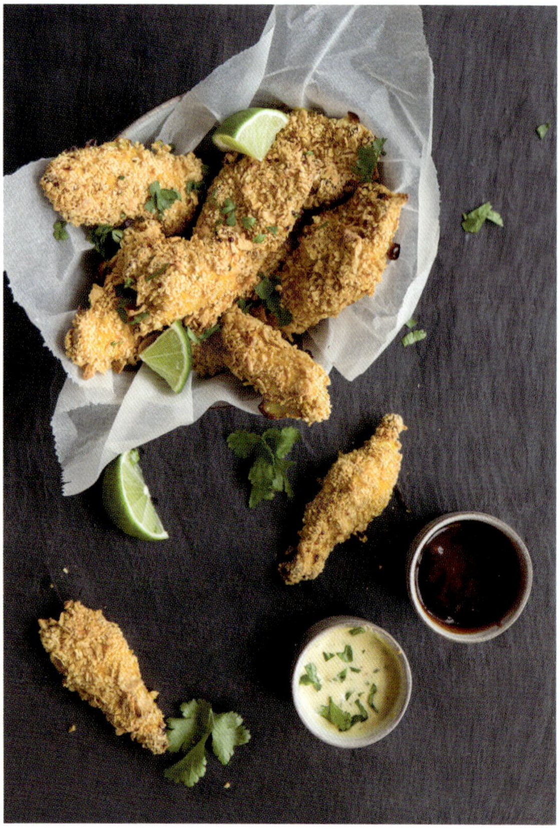

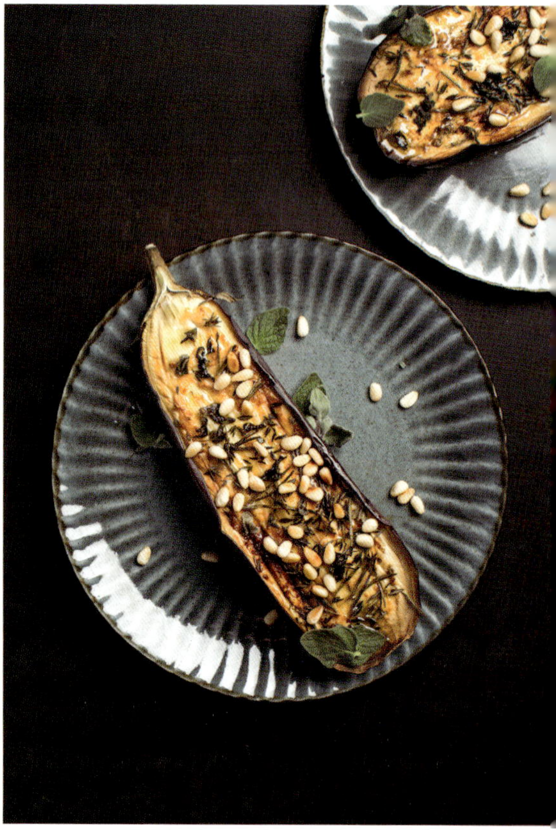

— **Couscous mit gebackenem Gemüse**
— **Chili con Carne**
— **Chicken-Nuggets**
— **Gebackene Aubergine mit Pinienkernen**
— **Überbackene Penne mit Ricotta**
— **Karottenpuffer**
— **Lachs mit Kartoffeln**

Kartoffelauflauf mit Pilzen

Vorbereitungszeit: 15 Minuten
Koch-/Backzeit: 45 Minuten

Schwierigkeit: mittelschwer
Portionen: 4

- **700 g Kartoffeln**
- **1 Karotte**
- **4 Champignons**
- **2 TL Olivenöl**
- **300 g Ricotta**
- **200 ml Sojamilch**
- **2 gepresste Knoblauchzehen**
- **Salz**
- **Pfeffer**

Den Ofen auf 180 °C vorheizen. Die Kartoffeln schälen und in dünne Scheiben schneiden. Das gleiche machen wir mit den Karotten und den Champignons. Die Champignons in einem Esslöffel Olivenöl ca. 5 Minuten garen lassen. Vom Herd nehmen. Dann Ricotta, Milch, Salz und Pfeffer in den Topf geben. Die Kartoffeln, den Knoblauch und die Karotten hinzugeben und gründlich durchmischen. Die Kartoffelmischung in eine Auflaufform füllen und ca. 45 Minuten bei 170–180 °C backen.

Nährwertangaben für 1 Portion:
385 kcal | 14 g Eiweiß | 43 g Kohlenhydrate | 18 g Fett

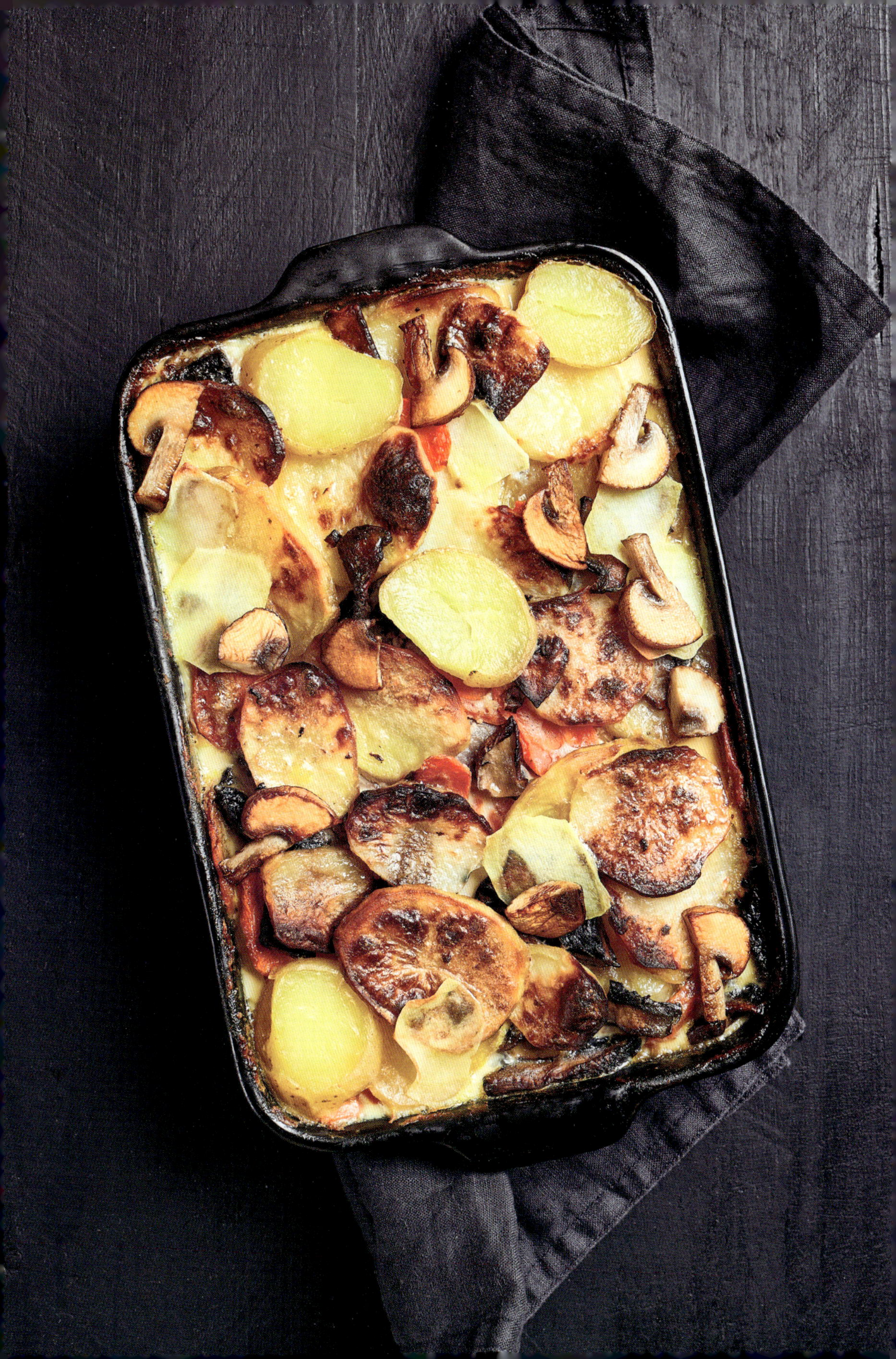

Soba-Nudeln mit Hackfleischmischung

Vorbereitungszeit: 10 Minuten
Koch-/Backzeit: 30 Minuten

Schwierigkeit: mittelschwer
Portionen: 4

- 380 g Soba-Nudeln*
- 2 EL Olivenöl
- 3 Schalotten
- 3 mittelgroße Karotten
- 3 Knoblauchzehen
- 1 Zucchini
- 1 Aubergine
- 200 g hochwertiges Rinder-hack-fleisch
- 60 g Tomatenmark ohne Zucker
- 400 g gehackte Tomaten
- 200 g Mais aus der Dose
- 2 TL gemahlenes Basilikum
- 1 TL Oregano
- Salz
- Pfeffer

Die Soba-Nudeln gemäß der Anleitung auf der Verpackung kochen lassen. In einer tiefen Pfanne die fein gehackten Schalotten in Olivenöl anbraten. Die gepressten Knoblauchzehen und die in Würfel geschnittenen gereinigten Karotten, die Zucchini und die Aubergine zu den Schalotten geben. Bei mittlerer Hitze 10 Minuten garen, alles mit 100 ml Wasser übergießen und kochen lassen.

Das Hackfleisch zugeben und weitere 5 Minuten braten. Das Tomatenmark zusammen mit den Tomaten und dem Mais zugeben, bei geschlossenem Deckel weitere 15 Minuten kochen lassen. Falls die Mischung anbrennt, mit Wasser übergießen. Mischung mit Basilikum und Oregano würzen und mit Salz und Pfeffer abschmecken.

Zum Schluss auch die gekochten Nudeln in die Pfanne geben und servieren.

TIPP Serviert die fertigen Nudeln mit gehacktem Basilikum. Anstatt Soba-Nudeln könnt Ihr auch Vollkornpasta verwenden.

* Soba-Nudeln sind ein traditionelles japanisches Lebensmittel, das aus einer Mischung aus Buchweizenmehl und Weizenmehl hergestellt wird.

Nährwertangaben für 1 Portion:
670 kcal | 33 g Eiweiß | 103 g Kohlenhydrate | 14 g Fett

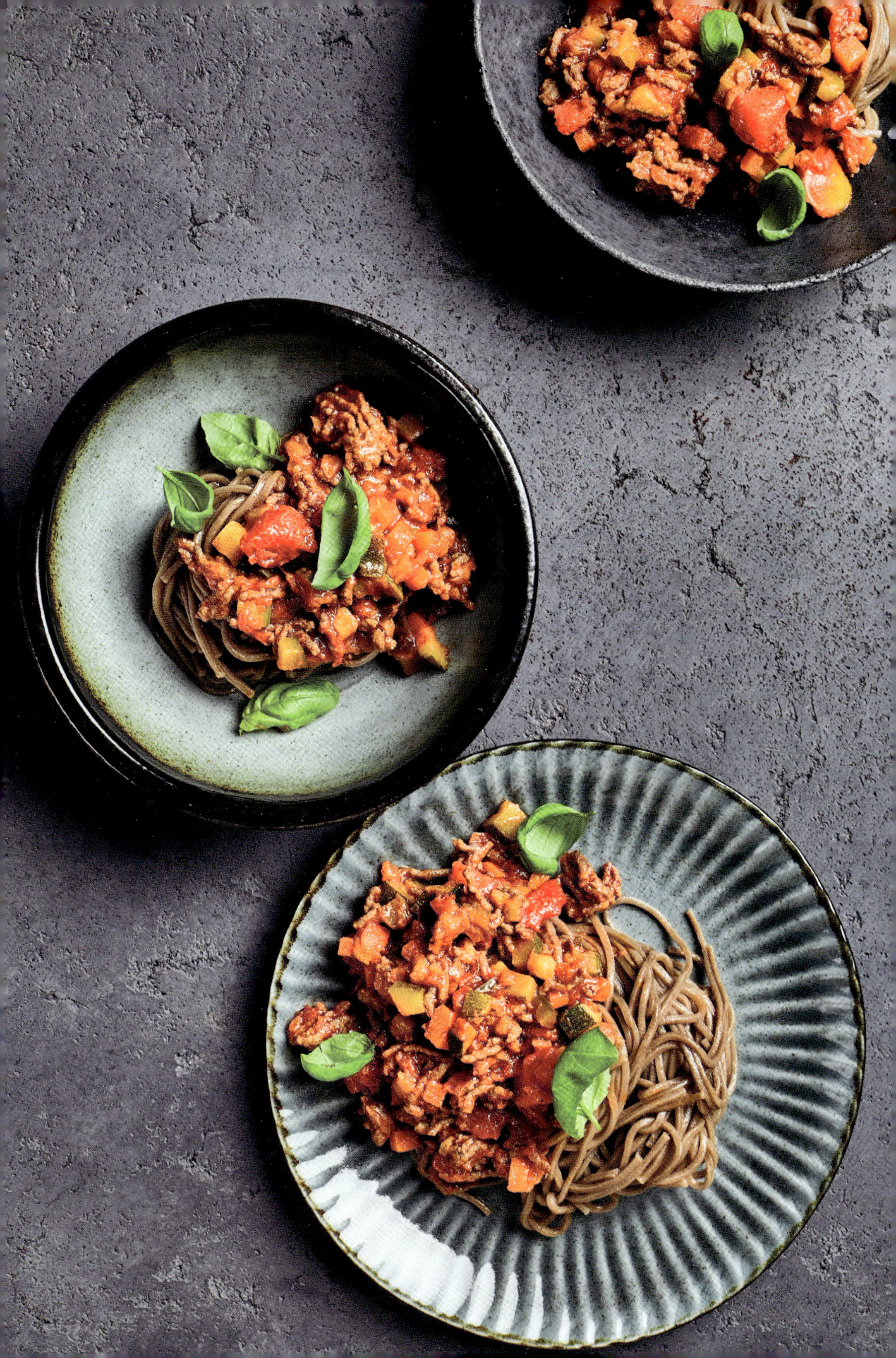

Blumenkohl-Curry mit Buchweizen

Vorbereitungszeit: 15 Minuten
Koch-/Backzeit: 25 Minuten

Schwierigkeit: mittelschwer
Portionen: 4

- **240 g Buchweizenkerne**
- **1 mittelgroße weiße Zwiebel**
- **1 EL Olivenöl**
- **1 Blumenkohl**
- **120 ml Sojasahne***
- **1 TL Curry**
- **1 Handvoll frische Petersilie**
- **Salz**
- **Pfeffer**

Den Buchweizen gemäß der Anleitung auf der Verpackung kochen lassen.

Den Blumenkohl in die einzelnen Röschen zerteilen und auf einer Reibe zerkleinern. Das Olivenöl in einer Pfanne erhitzen und die fein gehackte Zwiebel darin anbraten. Nach zwei Minuten den Blumenkohl sowie Curry, Salz und Pfeffer hinzugeben und bei mittlerer Hitze 25 Minuten garen lassen.

Im Laufe des Garens übergießen wir den Blumenkohl mit Wasser, lassen es aufsaugen und wiederholen den Vorgang, bis der Blumenkohl weich ist. Zum Schluss begießen wir den Blumenkohl mit der Sojasahne und mischen ihn durch. Das Blumenkohlcurry mit dem Buchweizen vermischen und mit frischer Petersilie bestreut servieren.

TIPP Falls Ihr Kokosmilch im Haus habt, gebt diese während des Kochens anstatt des Wassers zu. Das Essen bekommt dann einen volleren Geschmack.

* Sojasahne ist eine pflanzliche Alternative zu normaler Sahne, sie hat einen spezifischen, nussigen Geschmack.

Nährwertangaben für 1 Portion:
337 kcal | 10 g Eiweiß | 49 g Kohlenhydrate | 11 g Fett

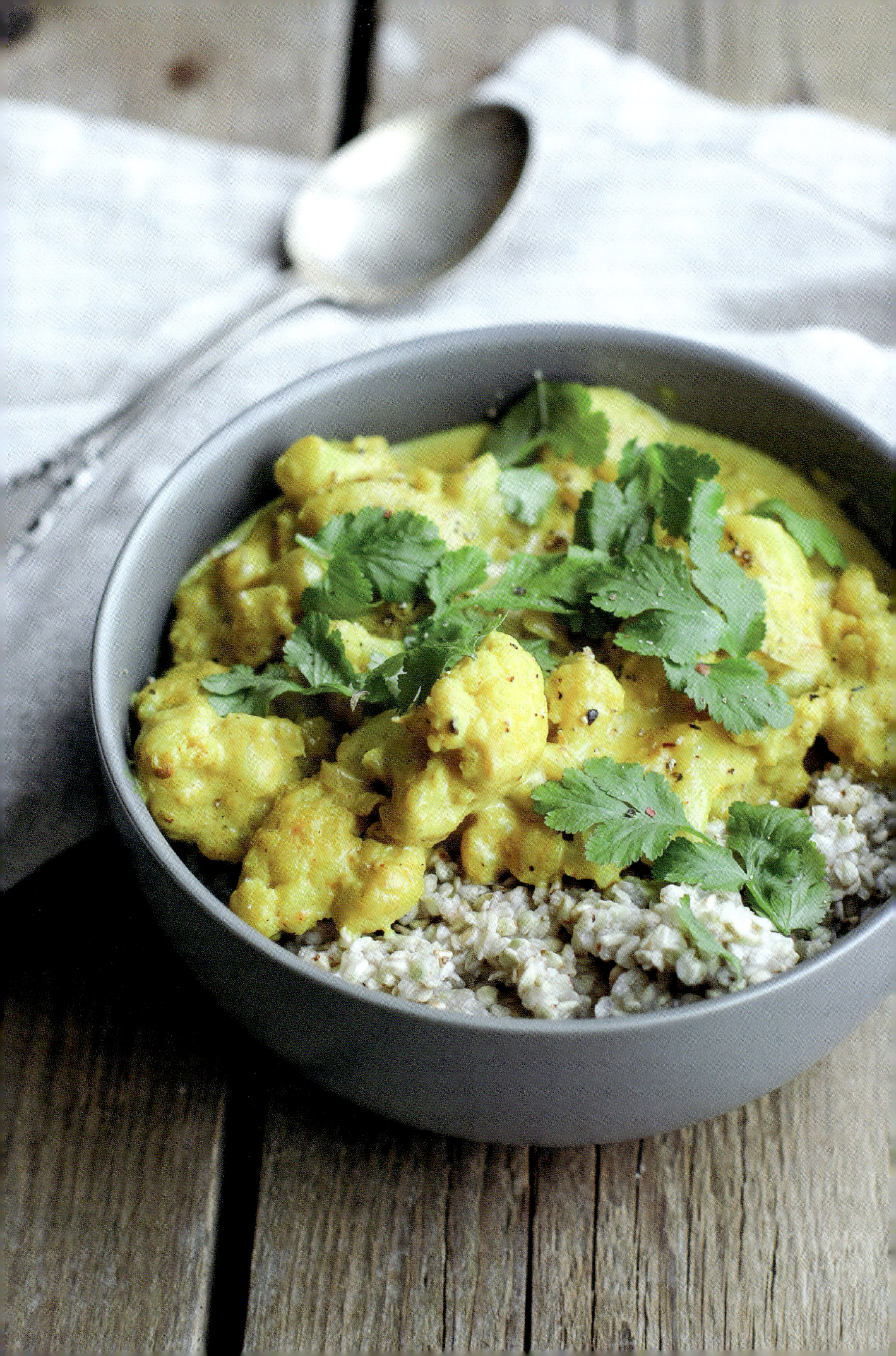

Blumenkohl-Pizza

Vorbereitungszeit: 10 Minuten
Koch-/Backzeit: 35 Minuten

Schwierigkeit: einfach
Portionen: 5

FÜR DEN TEIG
- **1 mittelgroßer Blumenkohl**
- **3 Eier**
- **1 EL Olivenöl**
- **1 TL getrockneter Oregano**
- **1 Prise Salz**
- **2 EL Leinsamen**

FÜR DIE SOSSE
- **1 EL Olivenöl**
- **½ weiße Zwiebel**
- **400 g Tomaten aus der Dose**
- **1 EL Tomatenmark**
- **Salz**
- **Pfeffer**
- **½ TL Oregano**

Den Backofen auf 190 °C vorheizen. Den Blumenkohl abwaschen, in Röschen zerteilen und in einem Topf mit Wasser weichkochen. Das Wasser abgießen, den Blumenkohl abtropfen lassen, in den Mixer geben und kleinmixen. Anschließend geben wir alle weiteren Zutaten für den Teig dazu und mixen, bis sich die Mischung vermengt hat.

Wir geben das Gemisch mit einem Löffel auf ein mit Backpapier ausgelegtes Backblech. Die Mischung reicht für ca. 4 kleinere Pizzen. In einem Esslöffel Olivenöl die fein gehackte Zwiebel anschwitzen. Anschließend das Tomatenmark zugeben und für 2 Minuten garen lassen. Die in kleine Stücke gehackten Tomaten zugeben und die Soße 5 Minuten kochen lassen. Die Soße mit Salz, Pfeffer und Oregano abschmecken.

Die Soße gleichmäßig auf den Pizzas verteilen, diese anschließend ca. 20 Minuten bei 180–190 °C backen. Die Pizzas aus dem Ofen nehmen, mit beliebigen Zutaten belegen und anschließend erneut für 10 Minuten im Backofen backen.

TIPP Ihr könnt als Belag Mozzarella, Oliven, Schinken, Parmesan oder Tomaten mit Basilikum verwenden.

Nährwertangaben für 1 Portion:
147 kcal | 7 g Eiweiß | 7 g Kohlenhydrate | 10 g Fett

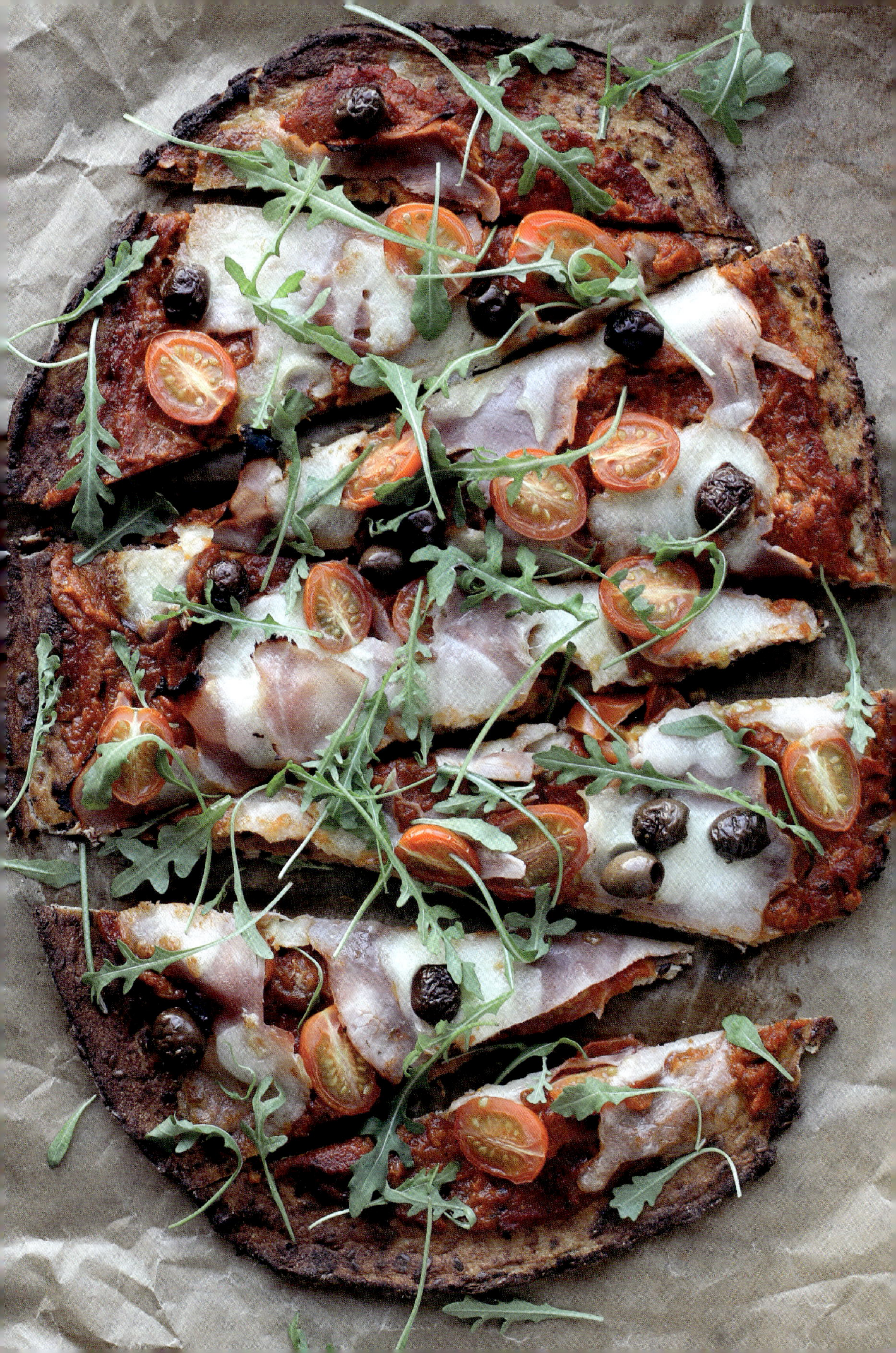

Blumenkohl mit Chili und Rosmarin

Vorbereitungszeit: 5 Minuten
Koch-/Backzeit: 35 Minuten

Schwierigkeit: einfach
Portionen: 4

- 1 Blumenkohl
- 20 g Kokosöl
- 1 Knoblauchzehe
- 2 EL Tomatenmark ohne Zucker
- ½ TL gemahlenes Chili
- 1 TL Rosmarin
- 100 g Kokosmilch aus der Dose
- 1 Prise Salz

Den Blumenkohl in Röschen zerteilen und abwaschen. In einer Pfanne bei mittlerer Hitze das Kokosöl erhitzen. Die gepresste Knoblauchzehe hinzugeben und ca. eine halbe Minute anbraten. Die Blumenkohlröschen in die Pfanne geben und bei mittlerer Hitze mindestens 25 Minuten garen lassen. Anschließend Tomatenmark, Chili und Rosmarin hinzugeben. Weitere 5 Minuten garen lassen. Zum Schluss die Kokosmilch hinzugeben, salzen und weitere 5 Minuten kochen lassen.

TIPP Dazu passt als Beilage Vollkornreis.

Nährwertangaben für 1 Portion:
105 kcal | 2 g Eiweiß | 5 g Kohlenhydrate | 9 g Fett

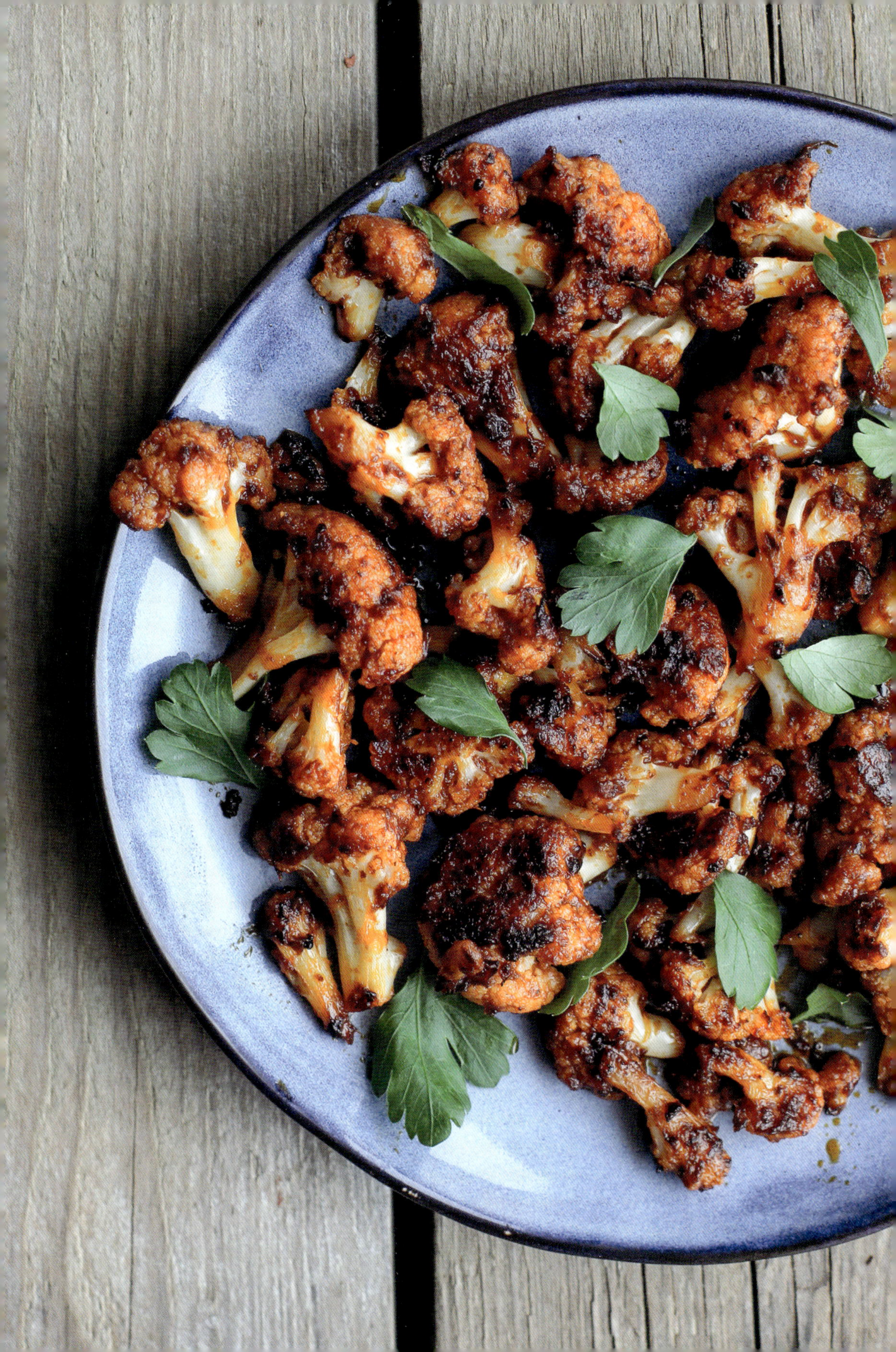

Ingwerhühnchen mit Wildreis

Vorbereitungszeit: 10 Minuten
Koch-/Backzeit: 11 Minuten

Schwierigkeit: einfach
Portionen: 4

- **240 g Wildreis**
- **500 g Hühnerbrust ohne Haut**
- **2–3 cm frischer Ingwer**
- **3 EL Olivenöl**
- **2 TL Curry**
- **1 EL Butterschmalz**
- **150 ml Kokossahne***
- **Salz**
- **Pfeffer**

Das Fleisch in Würfel schneiden und zusammen mit geriebenem Ingwer, Öl, Salz, Pfeffer und Curry in eine Schüssel geben. Alles verrühren und für mindestens 1 Stunde in den Kühlschrank stellen. Den Reis gemäß der Anleitung auf der Verpackung in Salzwasser weichkochen. Die eingelegten Hühnchenstücke ca. 7 Minuten in Butterschmalz anbraten, bis sie weich sind. Mit Kokossahne übergießen und 4 Minuten kochen lassen.

Mit Wildreis servieren.

TIPP Für eine feinere Konsistenz zerdrückt das Fruchtfleisch einer Avocado und gebt es zu jeder Portion dazu.

* Kokossahne ist eine pflanzliche Alternative zu normaler Sahne. Sie eignet sich insbesondere für thailändische Gerichte.

Nährwertangaben für 1 Portion:
498 kcal | 36 g Eiweiß | 43 g Kohlenhydrate | 20 g Fett

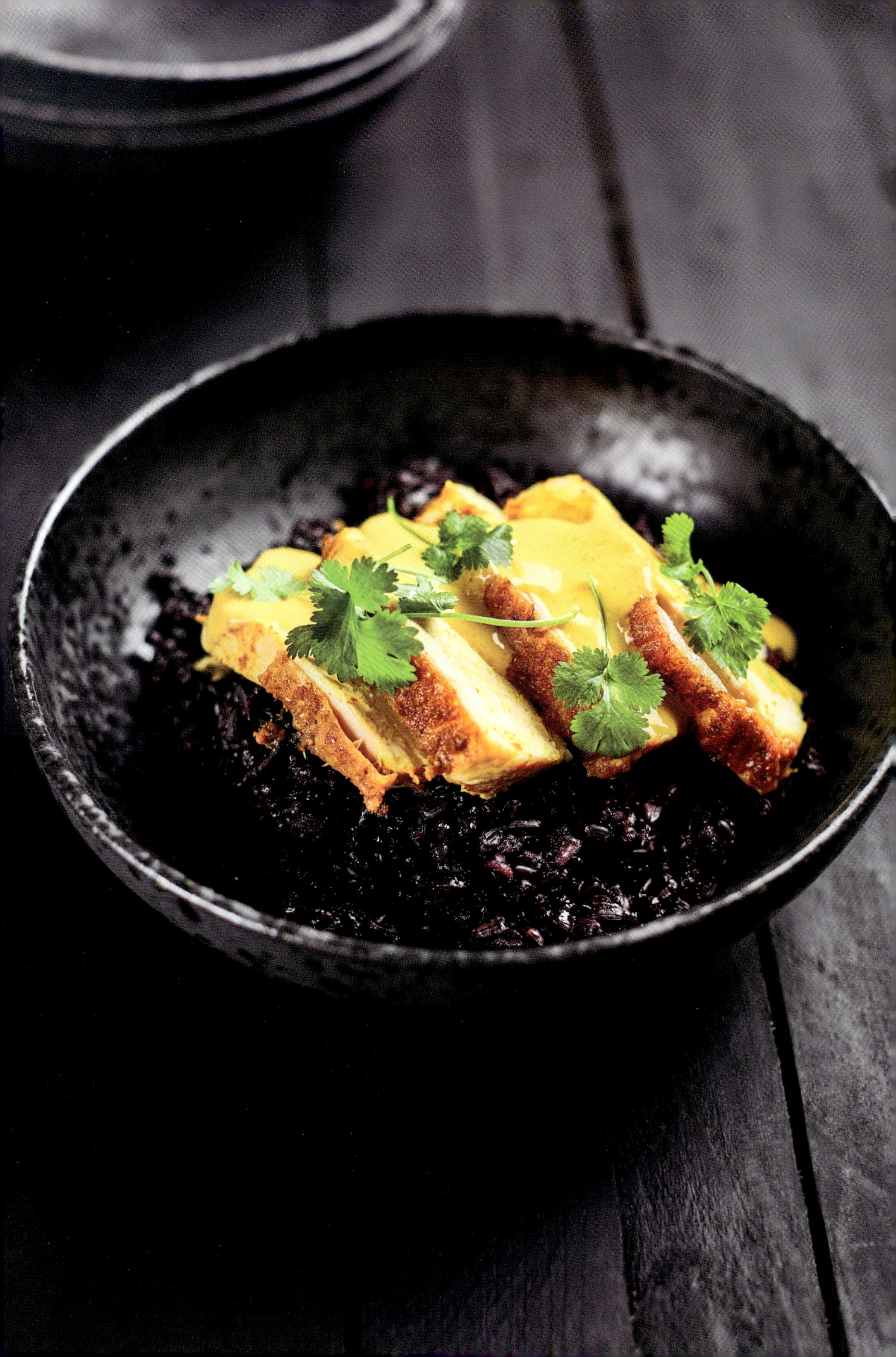

Putenfleisch mit Quinoa

Vorbereitungszeit: 15 Minuten
Koch-/Backzeit: 40 Minuten

Schwierigkeit: mittelschwer
Portionen: 4

- 2 EL Olivenöl
- 1 kleine weiße Zwiebel
- 250 g Quinoa*
- 1 l Gemüsebrühe
- 400 g Putenbrust
- 200 g frische Champignons
- 1 EL Butterschmalz
- 2 TL getrockneter Thymian
- 2 EL Zitronensaft
- Salz
- Pfeffer

In einer tiefen Pfanne in einem Esslöffel heißem Olivenöl die fein gehackte Zwiebel anschwitzen. Dann Quinoa, Salz, Pfeffer und Thymian hinzugeben und bei mittlerer Hitze 3 Minuten garen lassen. Einen Schöpflöffel Gemüsebrühe in die Pfanne hinzugeben und aufsaugen lassen. Diesen Vorgang wiederholen wir, bis die Quinoa weich ist, dann nehmen wir die Pfanne vom Herd.

Die Putenbrust in Scheiben schneiden, in einem Esslöffel Olivenöl anbraten und in Stücke zerteilen. Das Butterschmalz in einer Pfanne schmelzen und die Pilze darin anbraten - ca. 10 Minuten.

Die Pilze zu der Putenbrust und der Quinoa geben und servieren.

TIPP Wenn Ihr frisches Basilikum oder Petersilie im Garten habt, verwendet es anstelle der getrockneten Gewürze.

* Quinoa ist eine der ältesten genutzten Getreidesorten. Quinoa ist von Natur aus glutenfrei und gehört zum Superfood.

In den Geschäften kann man gleich 3 Sorten kaufen – rote, schwarze und weiße.

Nährwertangaben für 1 Portion:
442 kcal | 35 g Eiweiß | 49 g Kohlenhydrate | 12 g Fett

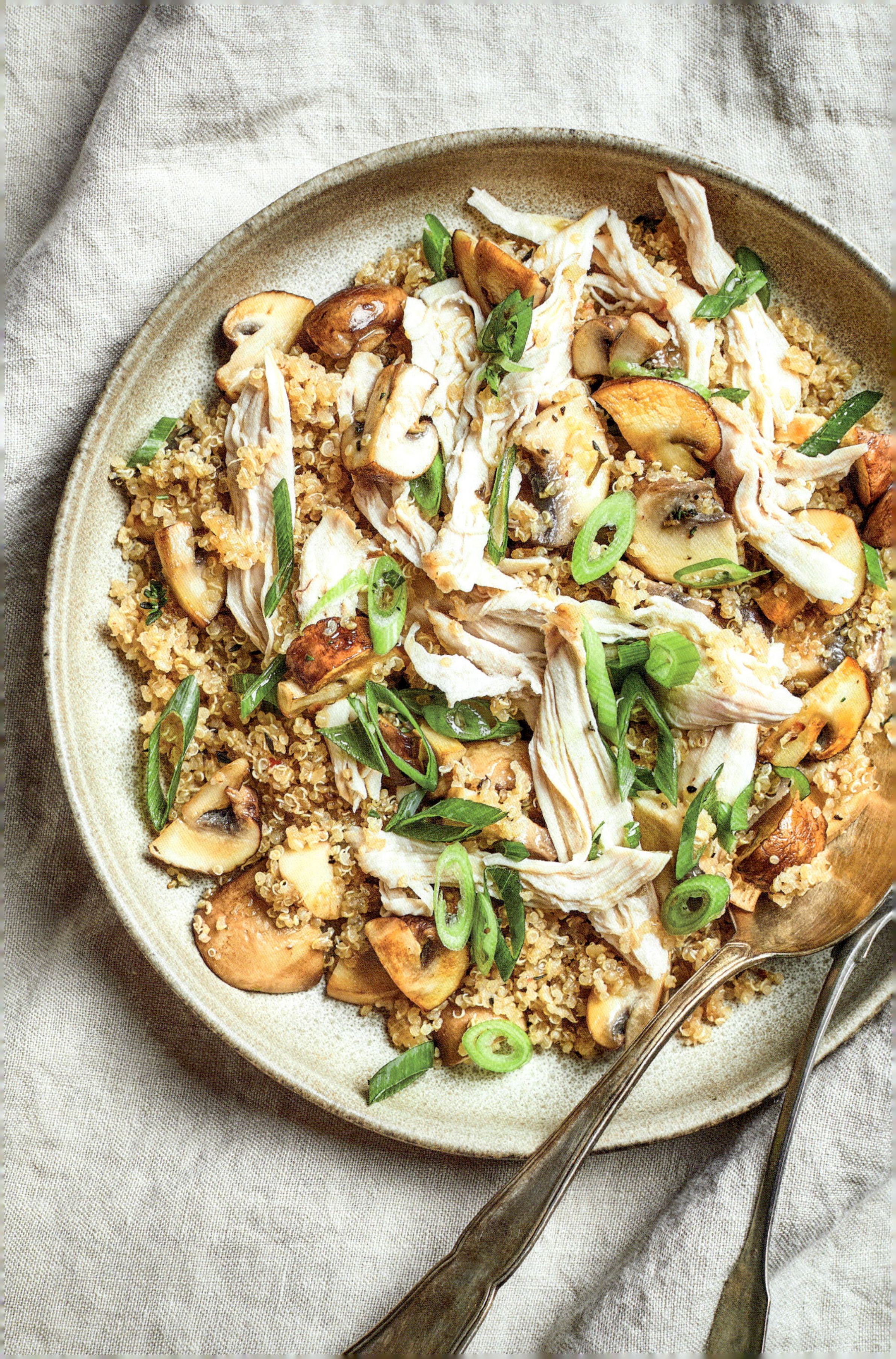

Hühnerrollen gefüllt mit Spinat und Parmesan

Vorbereitungszeit: 30 Minuten
Koch-/Backzeit: 20 Minuten

Schwierigkeit: mittelschwer
Portionen: 3

- **1 kleine weiße Zwiebel**
- **2 Knoblauchzehen**
- **100 g frischer Spinat**
- **300 g Hühnerbrust**
- **2 EL Olivenöl**
- **1 TL geräucherte Paprika**
- **1 TL gemahlener Koriander**
- **50 g geriebener Parmesan**
- **2 EL Butterschmalz (geschmolzen)**
- **Salz**
- **Pfeffer**

Die Zwiebel schälen und fein hacken. Den Knoblauch pressen. Die Spinatblätter abwaschen und kleinschneiden.

Die Hühnerbrust abwaschen, trockentupfen und mit einem Fleischklopfer vorsichtig bearbeiten, so dass die einzelnen Stücke überall gleich dick sind. Eine Schüssel zur Hand nehmen und darin 1 Esslöffel Olivenöl, geräucherte Paprika, gemahlenen Koriander, Salz und Pfeffer vermischen. In der so entstandenen Mischung die Hühnerbrust wälzen und eine Weile marinieren lassen.

In der Zwischenzeit bereiten wir die Spinatmischung zu. In einer Pfanne 1 Esslöffel Olivenöl erhitzen, die gehackte Zwiebel zugeben und 1–2 Minuten bei mittlerer Hitze anbraten, bis die Zwiebel glasig wird. Anschließend den gepressten Knoblauch und den kleingeschnittenen Spinat mit in die Pfanne geben und alles für weitere 3–4 Minuten anbraten.

Die gebratene Spinatmischung gleichmäßig auf der Hühnerbrust verteilen und mit dem geriebenen Parmesan bestreuen. Die Hühnerbrust aufrollen und mit einem Spieß feststecken (oder mit einer Küchenschnur festbinden). Anschließend eine antihaftbeschichtete Pfanne trocken erhitzen und die vorbereiteten Rollen bei mittlerer Hitze von allen Seiten gleichmäßig durchbraten (das dauert etwa 15 Minuten). Die gebratenen Rollen mit dem geschmolzenen Butterschmalz übergießen und servieren.

TIPP Zu den Hühnerrollen passen als Beilage am besten Reis oder Kartoffeln.

Nährwertangaben für 1 Portion:
297 kcal | 30 g Eiweiß | 4 g Kohlenhydrate | 17 g Fett

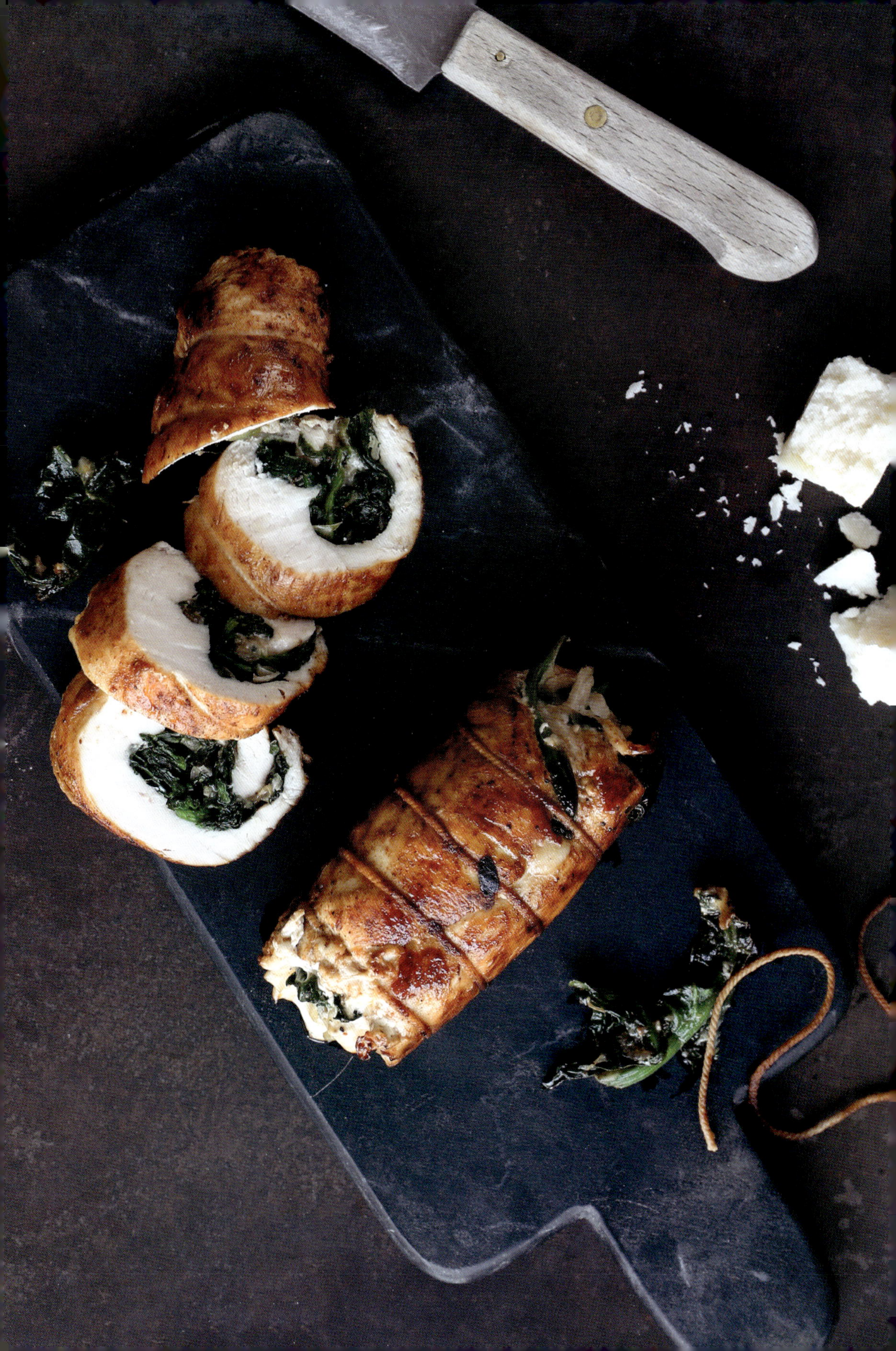

Zucchinipuffer

Vorbereitungszeit: 30 Minuten
Koch-/Backzeit: 6 Minuten

Schwierigkeit: einfach
Portionen: 4

- **300 g Zucchini**
- **300 g Haferflocken**
- **2 Eier**
- **1 Knoblauchzehe**
- **1 TL getrockneter Majoran**
- **½ TL geriebene Muskatnuss**

- **50 g Butterschmalz***
- **Salz**
- **Pfeffer**

Die Zucchini reiben, salzen und in ein Sieb in einer Schüssel geben.

10–15 Minuten schwitzen lassen, überschüssiges Wasser abtropfen lassen und die Zucchini mit den Händen gründlich ausdrücken.

Die Zucchini mit den Haferflocken und den Eiern vermischen. Den gepressten Knoblauch zur Mischung dazugeben, mit Salz, Pfeffer, Majoran und Muskatnuss abschmecken. Das Butterschmalz in einer Pfanne erhitzen.

Aus dem Teig Puffer formen, die 3 Minuten von beiden Seiten in Butterschmalz gebraten werden.

TIPP Wenn Ihr das Essen leichter machen möchtet, könnt Ihr die Puffer ca. 25 Minuten im vorgeheizten Ofen bei 170–180 °C auf Backpapier backen.

* Butterschmalz oder auch Ghee gehört in Indien zu den traditionellen Zubereitungen von Butter. Die Butter wird gekocht und das Eiweiß entfernt, dadurch wird es haltbarer und hält höhere Temperaturen aus.

Wenn Ihr eigenes Butterschmalz herstellen möchtet, schaut auf Seite 104.

Nährwertangaben für 1 Portion:
455 kcal | 14 g Eiweiß | 54 g Kohlenhydrate | 21 g Fett

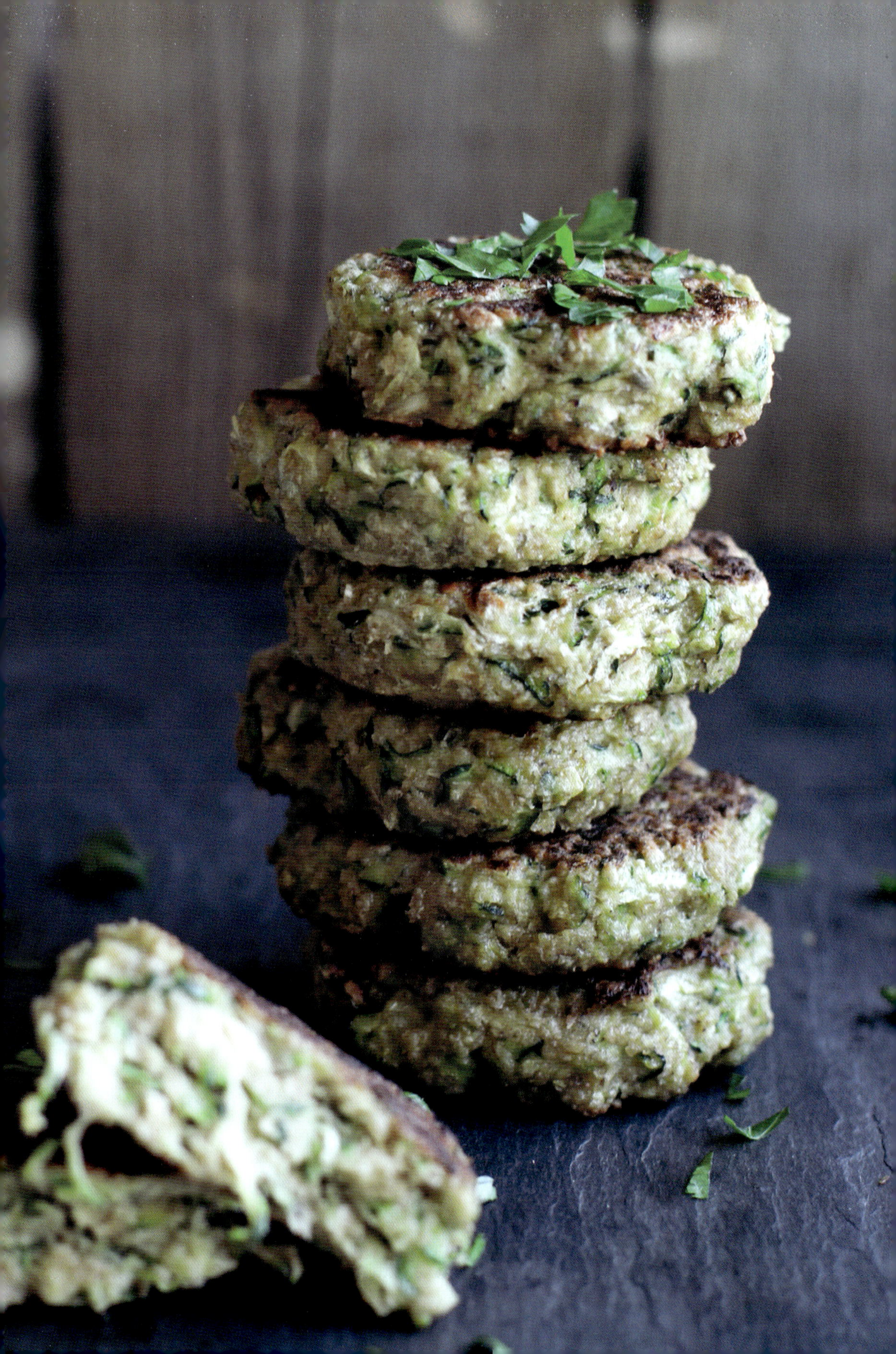

Avocado-Soße mit Nudeln

Vorbereitungszeit: 10 Minuten
Koch-/Backzeit: 30 Minuten

Schwierigkeit: einfach
Portionen: 4

- **240 g Vollkornspaghetti**
- **3 reife Avocados**
- **1 Knoblauchzehe**
- **2 EL Olivenöl**
- **1 EL Zitronensaft**
- **frische Basilikumblätter**
- **1 Handvoll Walnüsse**
- **Salz**
- **Pfeffer**

Die Spaghetti in Salzwasser gemäß der Anleitung auf der Packung kochen.

Solange die Spaghetti kochen, bereiten wir die Soße zu. Die Avocados schälen und entkernen und zusammen mit Olivenöl, Knoblauch und Zitronensaft kleinmixen.

Die Soße mit den abgegossenen Spaghetti vermischen. Mit Salz und Pfeffer abschmecken und mit den Basilikumblättern und den Walnüssen servieren.

TIPP Probiert anstelle von Walnüssen geröstete Pinienkerne oder kleingeschnittene Tomaten.

Nährwertangaben für 1 Portion:
657 kcal | 12 g Eiweiß | 49 g Kohlenhydrate | 46 g Fett

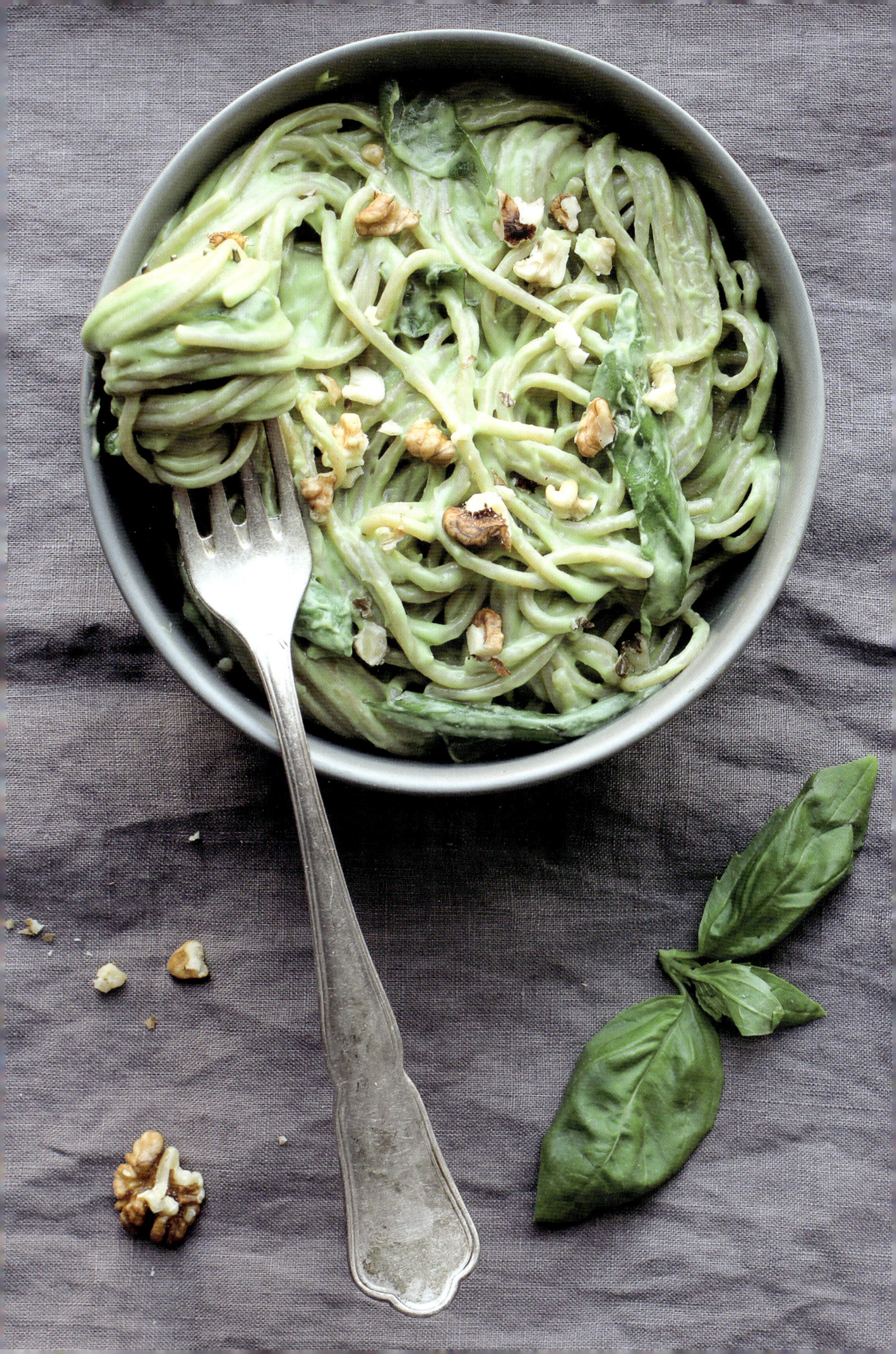

Kichererbsen-Soße mit Quinoa

Vorbereitungszeit: 5 Minuten
Koch-/Backzeit: 15 Minuten

Schwierigkeit: einfach
Portionen: 4

- **250 g Quinoa**
- **2 EL Olivenöl**
- **1 Frühlingszwiebel**
- **1 EL Tomatenmark**
- **400 g Fleischtomaten**
- **1 Knoblauchzehe**
- **1 Dose vorgekochte Kichererbsen (400 g)**
- **2 TL scharfe Paprika**
- **Salz**
- **Pfeffer**

Die Quinoa gemäß der Anleitung auf der Packung kochen.

Die fein gehackte Frühlingszwiebel in Olivenöl anbraten, das Tomatenmark, den Knoblauch und die Tomaten zugeben und alles mit 100 ml Wasser übergießen. Bei geschlossenem Deckel 5–10 Minuten kochen lassen.

Die abgegossenen Kichererbsen und zwei Teelöffel scharfe Paprika dazugeben, verrühren und weitere 5 Minuten kochen lassen.

Die Mischung mit Salz und Pfeffer abschmecken und zusammen mit der Quinoa servieren.

TIPP Ihr könnt nach Belieben Erbsen, Mais oder ein anderes Gemüse in die Soße geben.

Nährwertangaben für 1 Portion:
420 kcal | 16 g Eiweiß | 60 g Kohlenhydrate | 13 g Fett

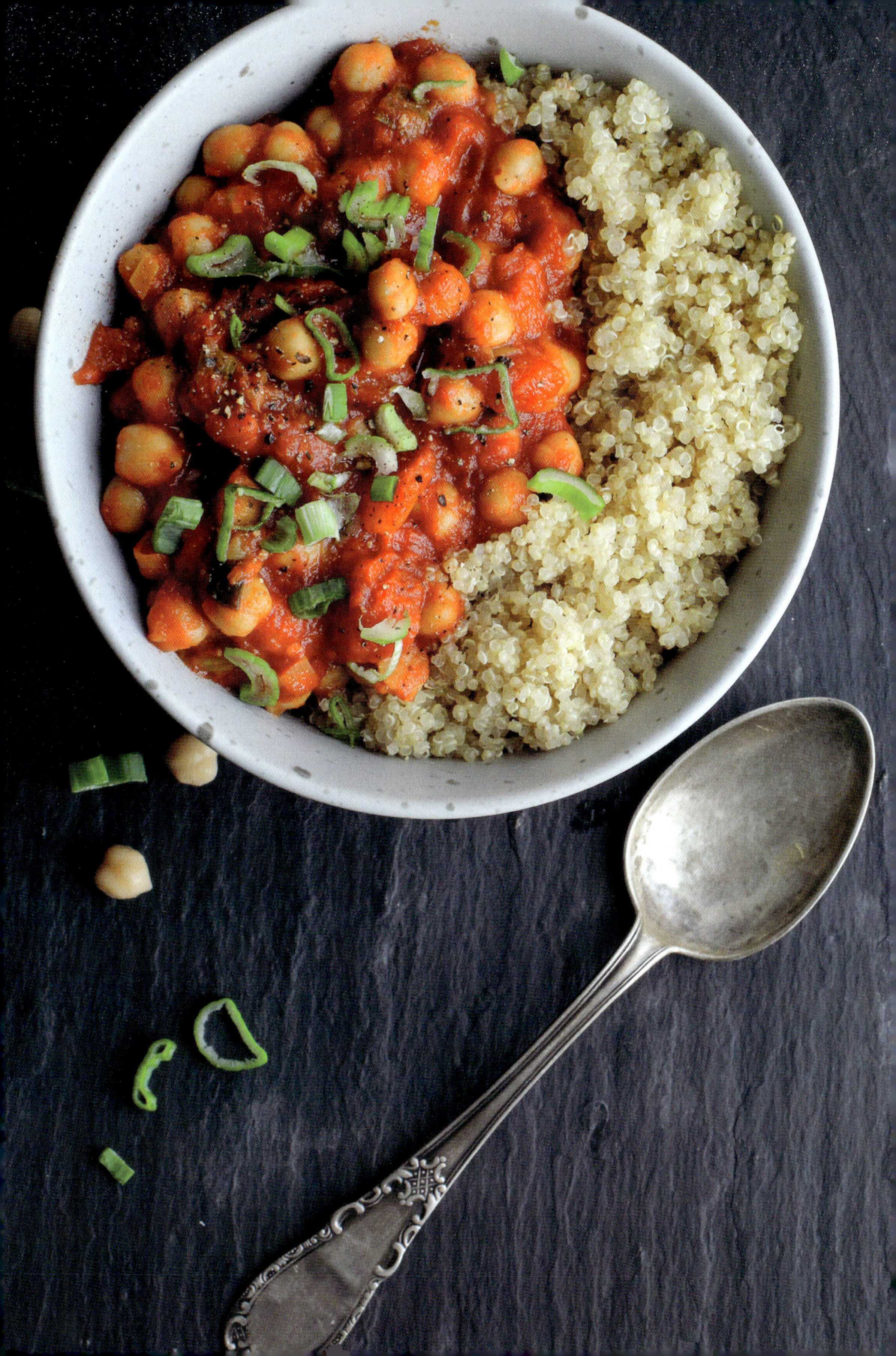

Thunfisch-Frikadellen

Vorbereitungszeit: 10 Minuten
Koch-/Backzeit: 25 Minuten

Schwierigkeit: einfach
Portionen: 5

- **100 g Buchweizenkerne**
- **160 g Thunfisch in eigenem Saft**
- **1 geriebene Karotte**
- **3 Eier**
- **200 g geriebener geräucherter Tofu**
- **1 TL Dijonsenf**
- **2 EL Leinsamen**
- **Salz**
- **Pfeffer**

Den Ofen auf 180 °C vorheizen. Den Buchweizen gemäß der Anleitung auf der Verpackung zubereiten. Den gekochten Buchweizen mit Thunfisch, geriebenen Karotten, Eiern, Tofu, Senf und Leinsamen vermischen. Die Mischung mit Salz und Pfeffer abschmecken.
Aus dem Gemisch Frikadellen formen und auf ein mit Backpapier ausgelegtes Backblech legen.
25 Minuten bei 170–180 °C backen.

TIPP Anstatt Buchweizen könnt Ihr auch Reis verwenden, der Euch vom Vortag übriggeblieben ist.

Nährwertangaben für 1 Portion:
230 kcal | 17 g Eiweiß | 19 g Kohlenhydrate | 10 g Fett

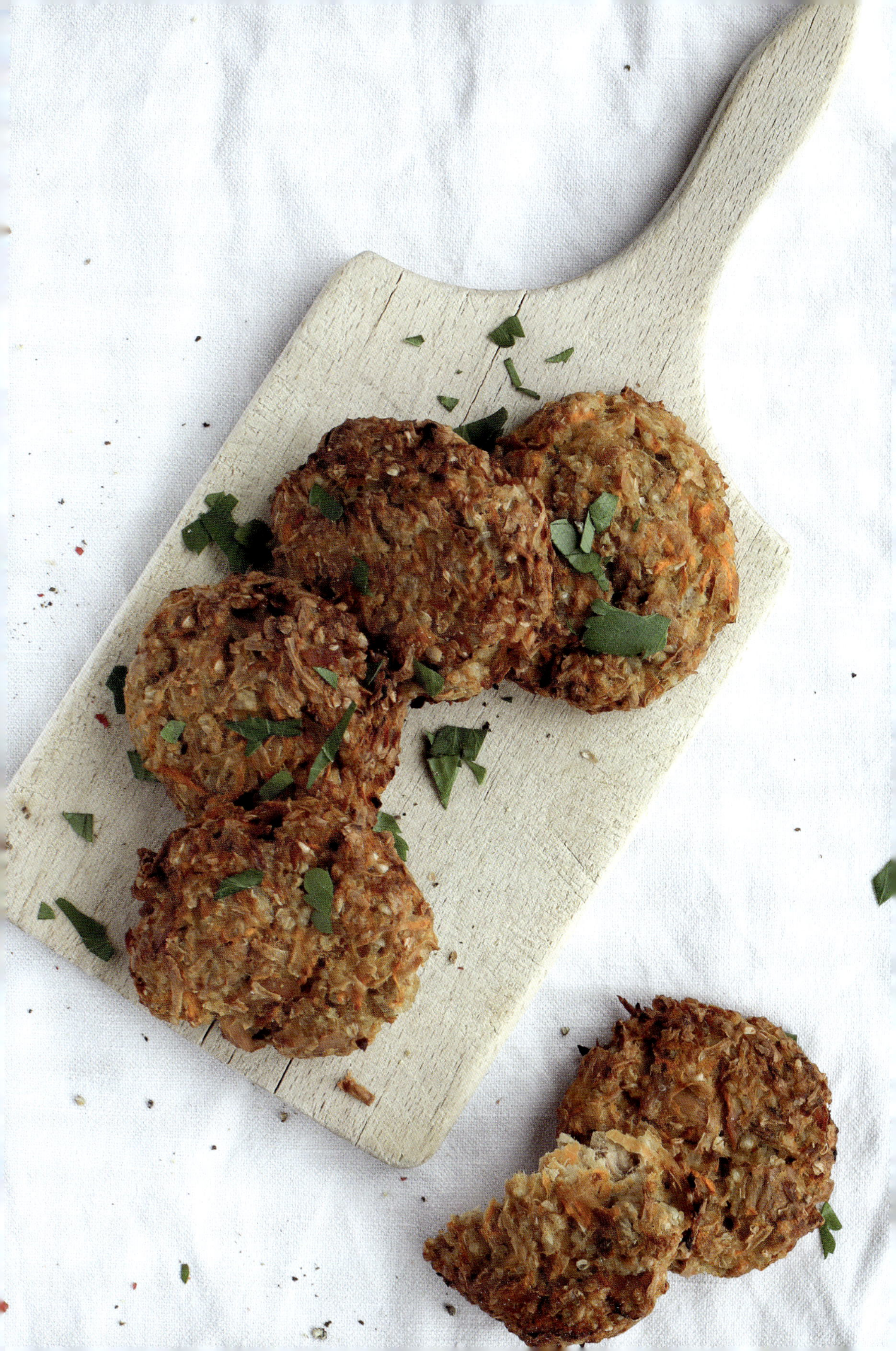

Überbackene Champignons mit Fleisch

Vorbereitungszeit: 10 Minuten
Koch-/Backzeit: 25 Minuten

Schwierigkeit: einfach
Portionen: 5

- **15 größere Champignons**
- **300 g hochwertiges Schweinehackfleisch**
- **1 Knoblauchzehe**
- **1 kleine Zwiebel**
- **1 Ei**
- **1 EL Olivenöl**
- **1 Handvoll frische Petersilie**
- **Salz**
- **Pfeffer**

Den Backofen auf 190 °C vorheizen. Die Champignons säubern und den Stiel abbrechen. Das Hackfleisch mit der gepressten Knoblauchzehe, der fein gehackten Zwiebel, dem Ei, dem Öl und der gehackten Petersilie in einer großen Schüssel vermischen.

Die Mischung mit Salz und Pfeffer abschmecken. Die Champignonköpfe mit der Mischung füllen und auf ein mit Backpapier ausgelegtes Backblech legen. Das Backblech in den Backofen geben und ca. 25 Minuten bei 180–190 °C backen.

Die fertigen Champignons mit gehackter frischer Petersilie oder beliebigen Keimlingen bestreuen, auf 5 Teller verteilen und servieren.

Nährwertangaben für 1 Portion:
198 kcal | 12 g Eiweiß | 3 g Kohlenhydrate | 15 g Fett

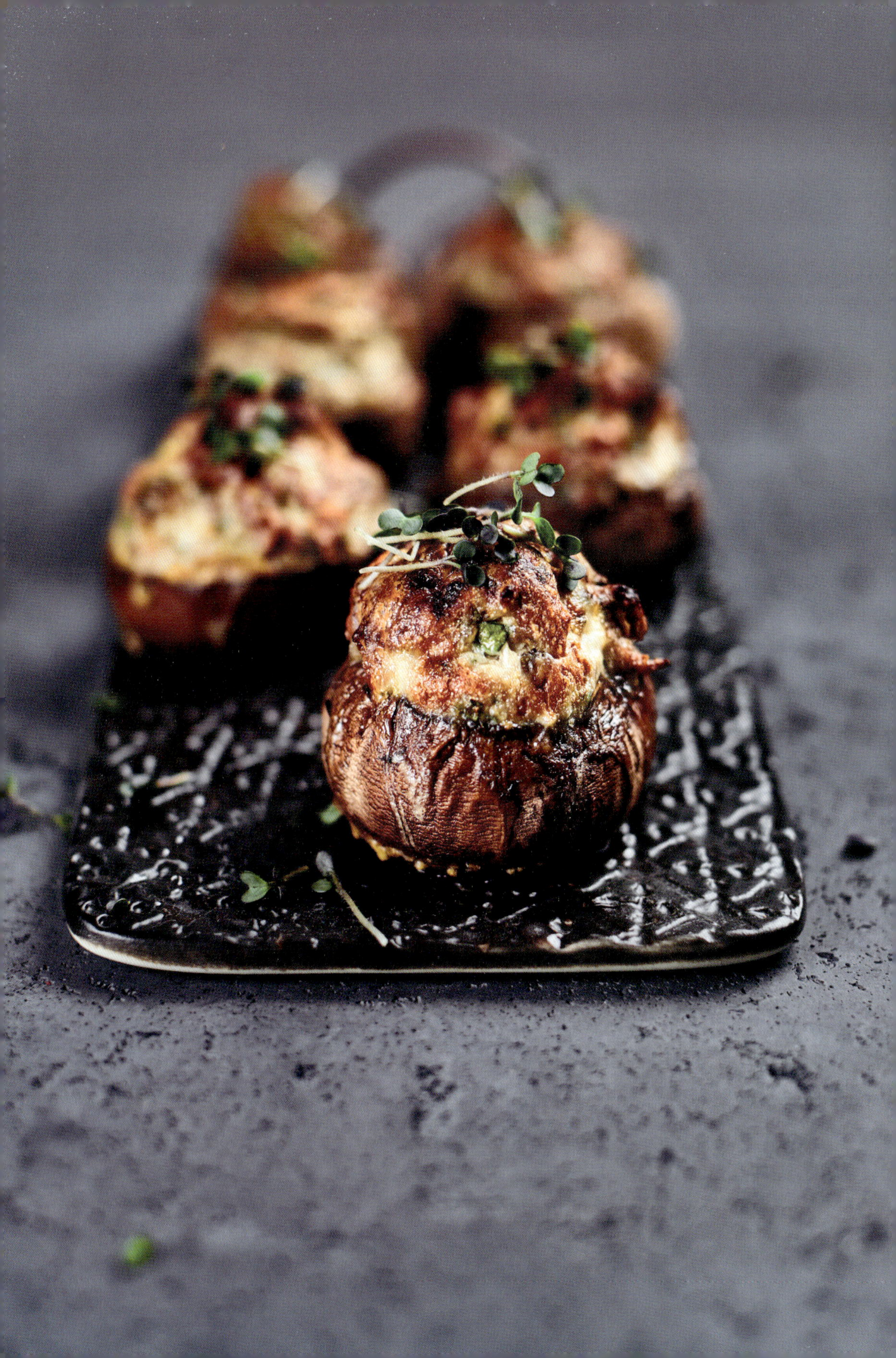

Kürbis-Hackbraten

Vorbereitungszeit: 20 Minuten
Koch-/Backzeit: 60 Minuten

Schwierigkeit: mittelschwer
Portionen: 6

- **170 g Gerstenflocken**
- **2 Schalotten**
- **2 Karotten**
- **½ Stange Lauch**
- **2 Knoblauchzehen**
- **1 EL Olivenöl**
- **300 g Kürbispüree***
- **600 g Rinderhackfleisch**
- **1 Ei**
- **2 TL getrockneter Thymian**
- **1 TL scharfe Paprika**
- **1 EL Tamari**
- **Salz**
- **Pfeffer**

Den Ofen auf 180 °C vorheizen.

Die Schalotten, die Karotten, das Lauch und den Knoblauch fein hacken oder im Mixer zerkleinern (alles vorher putzen bzw. schälen). Das Olivenöl in der Pfanne erhitzen, das kleingehackte Gemüse hinzugeben und 10 Minuten garen lassen.

Die Gerstenflocken in einer großen Schüssel mit dem Kürbispüree, dem gerösteten Gemüse und dem Fleisch vermengen und anschließend Ei, Thymian, Paprika, Tamari, Salz und Pfeffer hinzugeben. Zu einem Teig verkneten, den wir in eine mit Backpapier ausgelegte Hackfleischbackform geben. Das Hackfleisch 50–60 Minuten lang bei 170–180 °C backen.

*Rezept für Kürbispüree
500 g geschälten Kürbis in Würfel schneiden und auf ein mit Backpapier ausgelegtes Backblech geben. Den Kürbis ca. 80 Minuten lang bei 170–180 °C backen. Abkühlen lassen und den Kürbis anschließend zu einem feinen Püree kleinmixen.

Nährwertangaben für 1 Portion:
393 kcal | 29 g Eiweiß | 35 g Kohlenhydrate | 24 g Fett

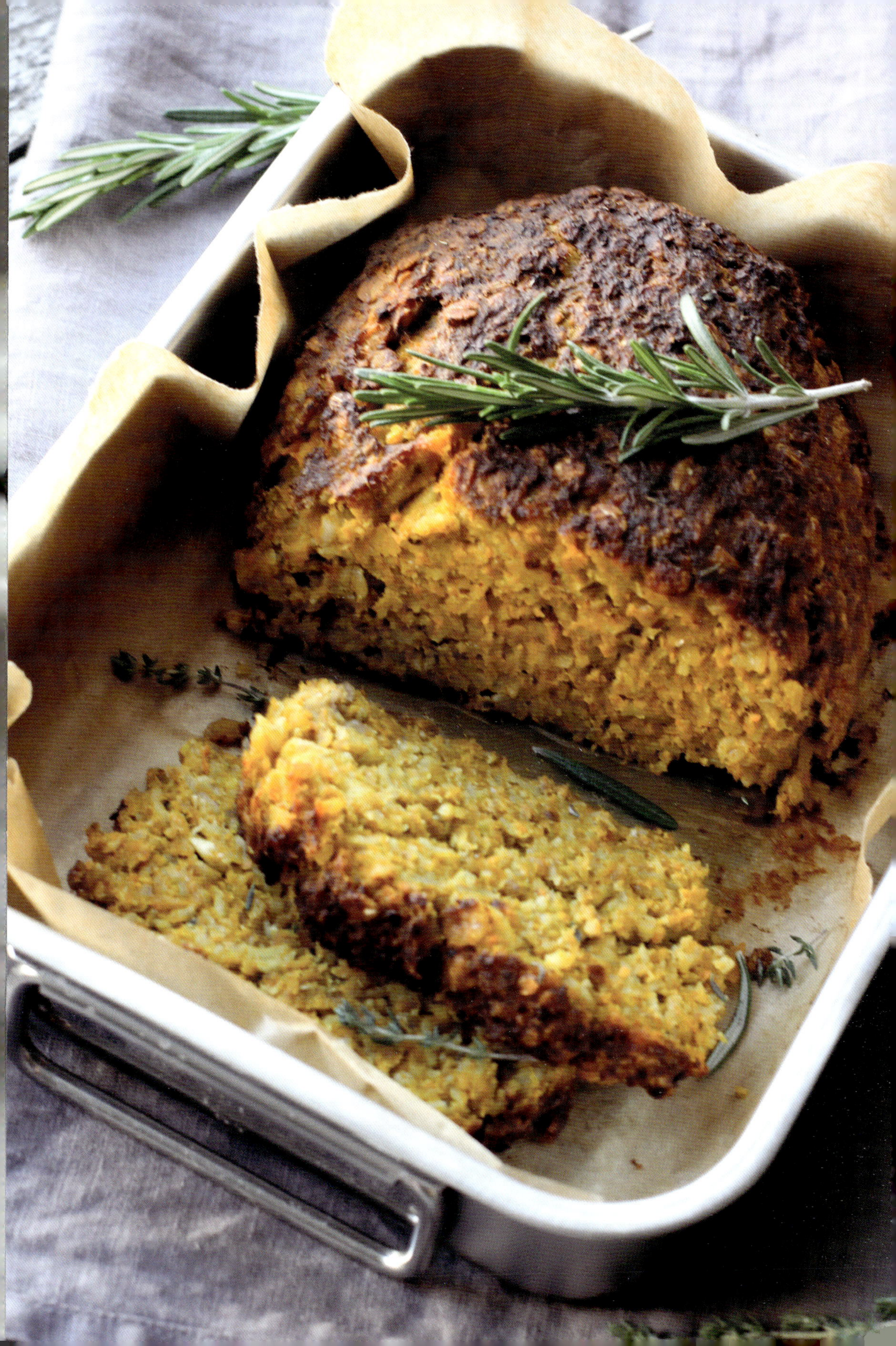

Zwetschgenspieße

Vorbereitungszeit: 10 Minuten
Koch-/Backzeit: 25 Minuten

Schwierigkeit: einfach
Portionen: 4

- **240 g Vollkornreis**
- **300 g Hühnerbrust**
- **1 Zwiebel**
- **1 Paprika**
- **2 EL Honig**
- **Saft von einer Zitrone**
- **2 EL Olivenöl**
- **1 TL Kurkuma***
- **½ TL Chili-Paprika**
- **2 TL getrockneter Koriander**
- **2 TL getrockneter Oregano**
- **100 g getrocknete Zwetschgen**

Den Reis gemäß der Anleitung auf der Verpackung in Salzwasser kochen lassen (ca. 25-30 Minuten). Die Putenbrust reinigen und in Würfel schneiden. Die Zwiebel schälen und in größere Stücke schneiden, damit sie aufgespießt werden können. Das gleiche machen wir mit der Paprika.

Den Honig mit Zitronensaft, Olivenöl und Gewürzen in einer Schüssel vermischen. Zuletzt das Fleisch zugeben und mindestens 20 Minuten marinieren lassen. Abwechselnd Fleisch, Paprika, Zwiebelstücke und Zwetschgen auf einen Spieß aufspießen. Es sollten 8 Spieße entstehen, die wir ca. 12 Minuten von allen Seiten in einer Pfanne mit Olivenöl anbraten. Die fertigen Spieße mit Vollkornreis servieren.

TIPP Falls ihr kein Fleisch möchtet, tauscht das Fleisch gegen geräucherten Tofu ein.

* Kurkuma oder auch indischer Safran ist ein Gewürz mit einer typisch gelblichen Farbe, die der von Curry ähnelt. Kurkuma hat viele positive medizinische Eigenschaften. Es stärkt das Immunsystem, zählt zu den natürlichen Antibiotika und hilft dem Körper, gegen Entzündungen anzukämpfen, da es die Koagulation von Blutplättchen behindert.

Nährwertangaben für 1 Portion:
481 kcal | 24 g Eiweiß | 75 g Kohlenhydrate | 10 g Fett

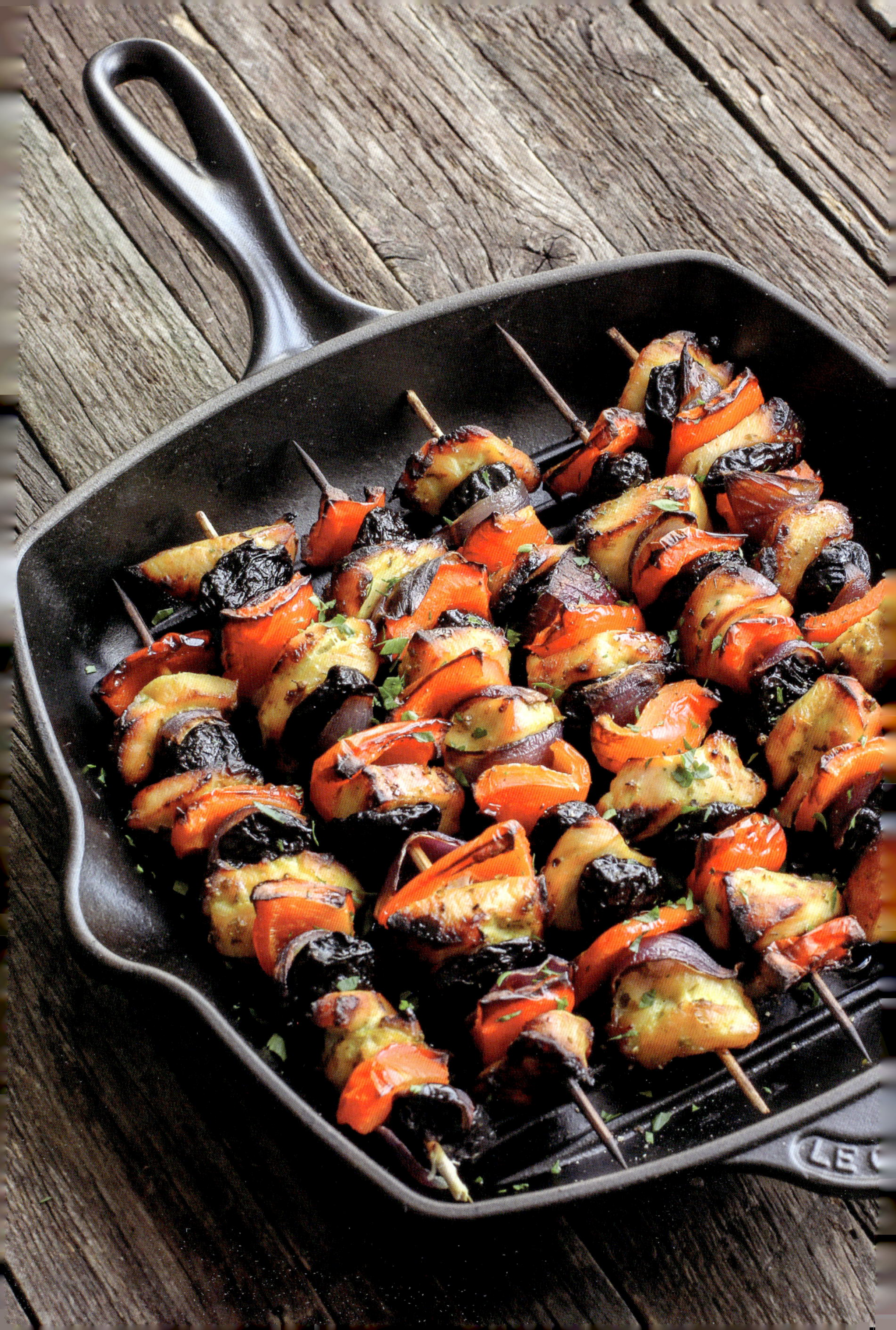

Eintopf

Vorbereitungszeit: 15 Minuten
Koch-/Backzeit: 45 Minuten

Schwierigkeit: einfach
Portionen: 6

- 300 g rohe Kartoffeln (Kochtyp B)
- 200 g Stangensellerie
- 2 Knoblauchzehen
- ½ große weiße Zwiebel (ca. 60 g)
- 2 EL Olivenöl
- 2 Lorbeerblätter
- 140 g getrocknete schwarze Belugalinsen
- 400 g geschälte kleingeschnittene Tomaten aus der Dose
- 400 g vorgekochte Kichererbsen aus der Dose
- 350 ml Wasser
- 1 kleine Handvoll frische Petersilie
- Salz
- Pfeffer

Die Kartoffeln schälen und in Würfel schneiden. Den Stangensellerie putzen und in 1,5 cm große Stücke schneiden. Den Knoblauch pressen und die Zwiebel in feine Stücke schneiden.

In einem großen Topf 2 Esslöffel Olivenöl erhitzen, die kleingeschnittene Zwiebel und die Lorbeerblätter zugeben und 2 Minuten bei mittlerer Hitze anbraten. Anschließend die Kartoffeln, den Sellerie und den gepressten Knoblauch zugeben, umrühren und weitere 4 Minuten anbraten. Zum Schluss die Linsen, die Tomatenstücke und die Kichererbsen mit in den Topf geben, alles mit 350 ml Wasser übergießen und umrühren. Bei geschlossenem Deckel und mittlerer Hitze 30–35 Minuten kochen, bis die Linsen weich sind.

Den fertigen Eintopf mit Salz und Pfeffer abschmecken, mit Petersilie bestreuen und servieren.

Nährwertangaben für 1 Portion:
227 kcal | 12 g Eiweiß | 30 g Kohlenhydrate | 5 g Fett

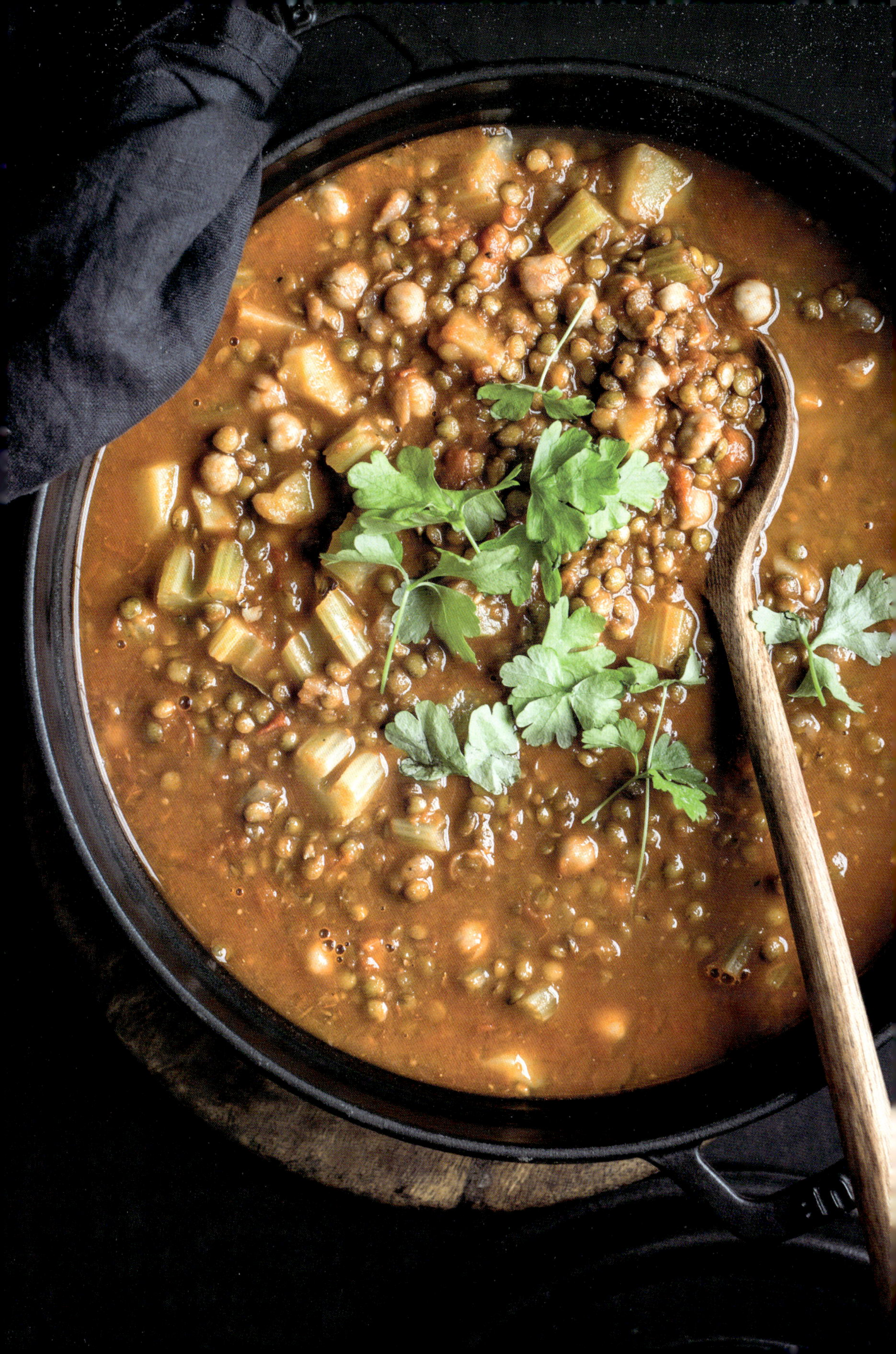

Nudelauflauf mit Thunfisch

Vorbereitungszeit: 20 Minuten
Koch-/Backzeit: 40 Minuten

Schwierigkeit: mittelschwer
Portionen: 5

- **400 g Vollkornpenne oder glutenfreie Penne**
- **2 EL Olivenöl**
- **2 Schalotten**
- **2 Knoblauchzehen**
- **2 EL Tomatenmark ohne Zucker**
- **200 g vorgekochter Mais**
- **200 g Tomaten aus der Dose**
- **1 TL Rosmarin**
- **1 TL Thymian**
- **350 g Thunfisch im eigenen Saft**
- **200 g Mozzarella**
- **Salz**
- **Pfeffer**

Den Backofen auf 200 °C vorheizen. Nudeln in Salzwasser gemäß der Anleitung auf der Packung kochen. In einer Pfanne bei mittlerer Hitze das Olivenöl erhitzen. Die fein gehackten Schalotten hinzugeben und 5 Minuten anbraten. Den in Scheiben geschnittenen Knoblauch mit dem Tomatenmark hinzugeben und eine weitere Minute garen lassen.

Den Mais sowie gehackte Tomaten, Rosmarin und Thymian in die Pfanne geben, 100 ml Wasser dazugießen und den Deckel schließen. 15–20 Minuten kochen lassen.

Zum Schluss den Thunfisch, die gekochten Nudeln und den kleingeschnittenen Mozzarella hinzugeben und das Ganze in eine Auflaufform füllen.
Mit Salz und Pfeffer abschmecken. 15–20 Minuten bei 190–200 °C backen.

TIPP Probiert die schärfere Variante, indem Ihr eine gemahlene Chilischote zugebt.

Nährwertangaben für 1 Portion:
592 kcal | 25 g Eiweiß | 75 g Kohlenhydrate | 21 g Fett

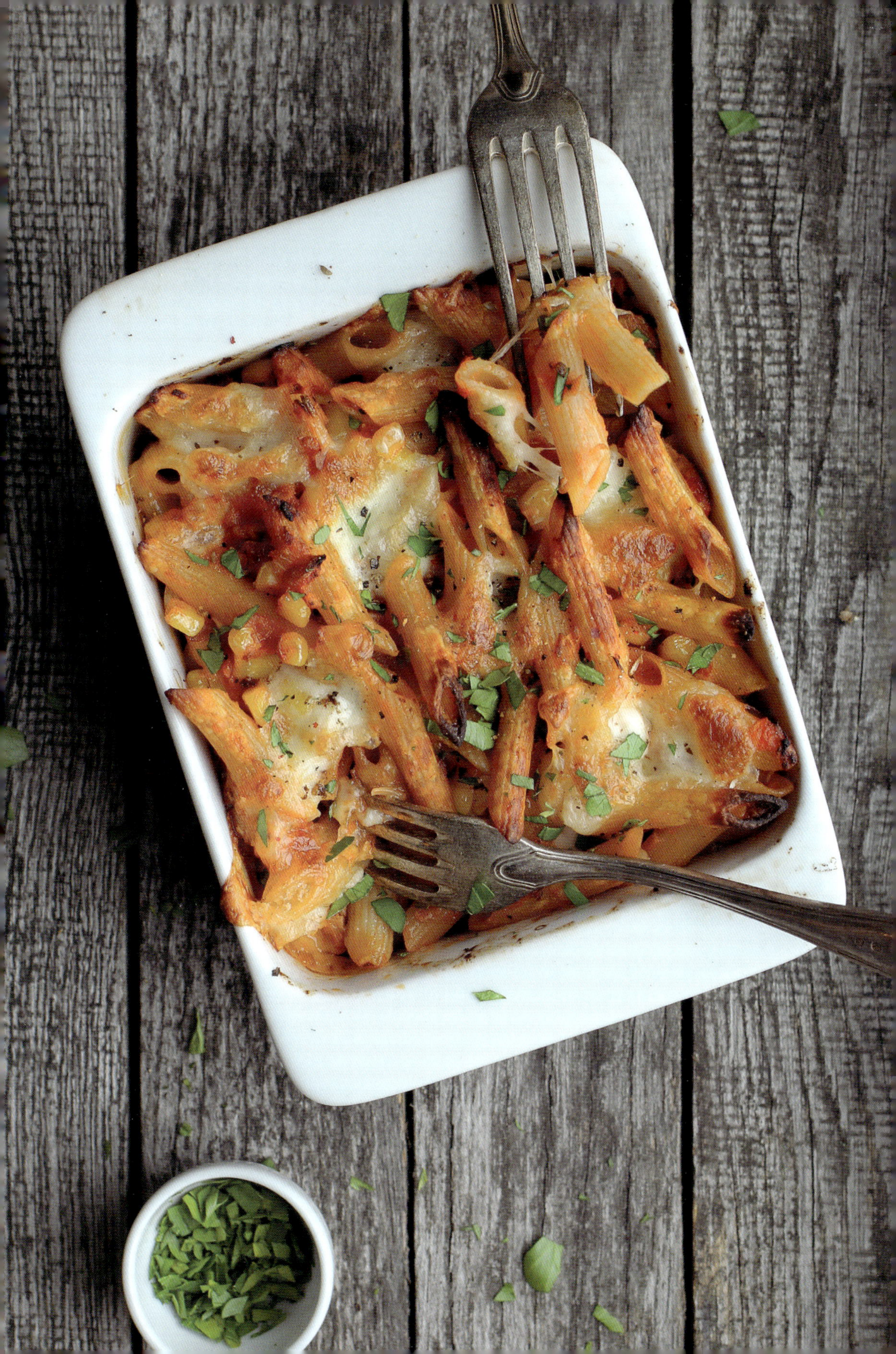

Hühnerbrust mit Sahnesoße

Vorbereitungszeit: 10 Minuten
Koch-/Backzeit: 40 Minuten

Schwierigkeit: einfach
Portionen: 4

- **400 g Hühnerbrust**
- **1 EL Olivenöl**
- **400 ml Gemüsebrühe**
- **40 ml Limettensaft**
- **1 Zwiebel**
- **2 TL gemahlener Koriander**
- **½ TL Thymian**
- **50 ml Reissahne**
- **20 g Butterschmalz (Ghee)***
- **Salz**

Den Ofen auf 180 °C vorheizen. Die Hühnerbrust salzen und pfeffern. Das Olivenöl in einer Pfanne erhitzen und die Hühnerbrust von beiden Seiten anbraten (insgesamt ca. 16 Minuten). Das Hühnchen aus der Pfanne nehmen und zur Seite stellen (in Alufolie einpacken, damit es warm bleibt).

Die Brühe, den Limettensaft, die fein gehackte Zwiebel, den Koriander und den Thymian in die Pfanne geben. Zum Sieden bringen und die Flüssigkeit verkochen lassen (ca. 15 Minuten). Die Pfanne vom Herd nehmen und die Reissahne mit dem Butterschmalz einrühren. Die Hühnerbrust in die Pfanne legen und ca. 10 Minuten bei 170–180 °C im Backofen backen lassen.

TIPP Als Beilage empfehlen wir Vollkornnudeln, Reis oder gedünstetes Gemüse.

* Ghee oder auch Butterschmalz haben bereits unsere Urgroßmütter verwendet. Es handelt sich um eine traditionelle Zubereitung der Butter durch Kochen und anschließendes Entfernen des Eiweißes. Dadurch bekommt die Butter eine höhere Haltbarkeit. Stellt Euer eigenes Butterschmalz her, siehe Seite 104.

Nährwertangaben für 1 Portion:
213 kcal | 24 g Eiweiß | 5 g Kohlenhydrate | 11 g Fett

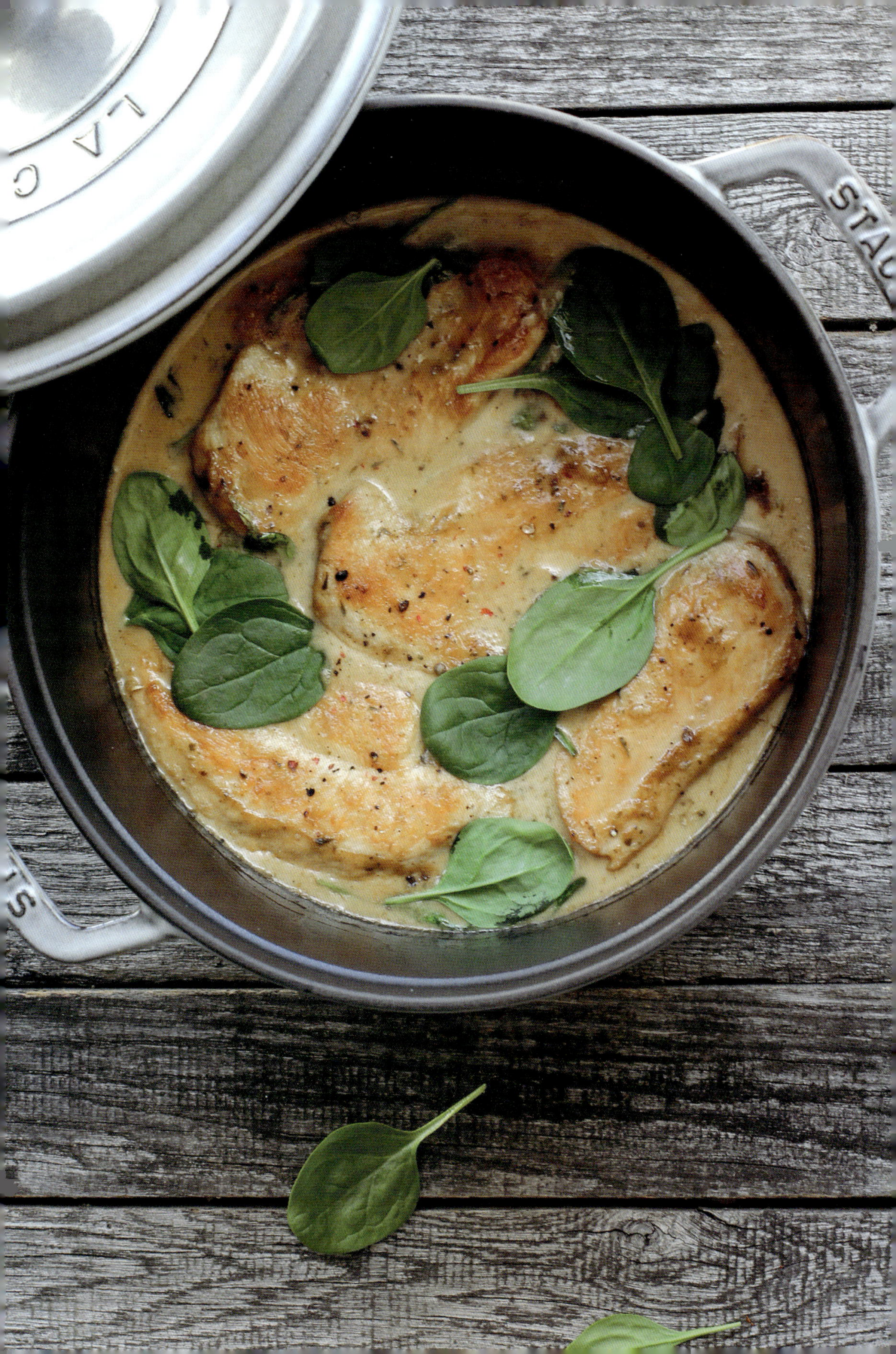

Hafer-Minipizzas

Vorbereitungszeit: 10 Minuten
Koch-/Backzeit: 20 Minuten

Schwierigkeit: einfach
Portionen: 8

- **200 g kleingemixte Haferflocken**
- **4 Eiweiße**
- **1 Prise Salz**
- **1 TL Thymian**
- **100 g mit Stevia gesüßter Ketchup**
- **100 g Putenschinken**
- **100 g Mozzarella**

Den Backofen auf 200 °C vorheizen. Die Haferflocken mit dem Eiweiß, zwei Esslöffel Wasser, Salz und Thymian verrühren. Auf einem mit Backpapier ausgelegten Backblech 8 Pizzas mit ca. 5 mm Höhe formen.

Das Backblech in den Backofen geben und 5 Minuten bei 190–200 °C backen. Das Blech herausnehmen, den Teig mit Ketchup bestreichen, mit kleingeschnittenem Schinken und Mozzarella belegen, zurück in den Ofen schieben und weitere 15–18 Minuten backen.

TIPP Statt Schinken und Mozzarella könnt Ihr zum Beispiel Champignons, Bohnen oder Tomaten verwenden.

Nährwertangaben für 1 Portion:
159 kcal | 10 g Eiweiß | 21 g Kohlenhydrate | 4 g Fett

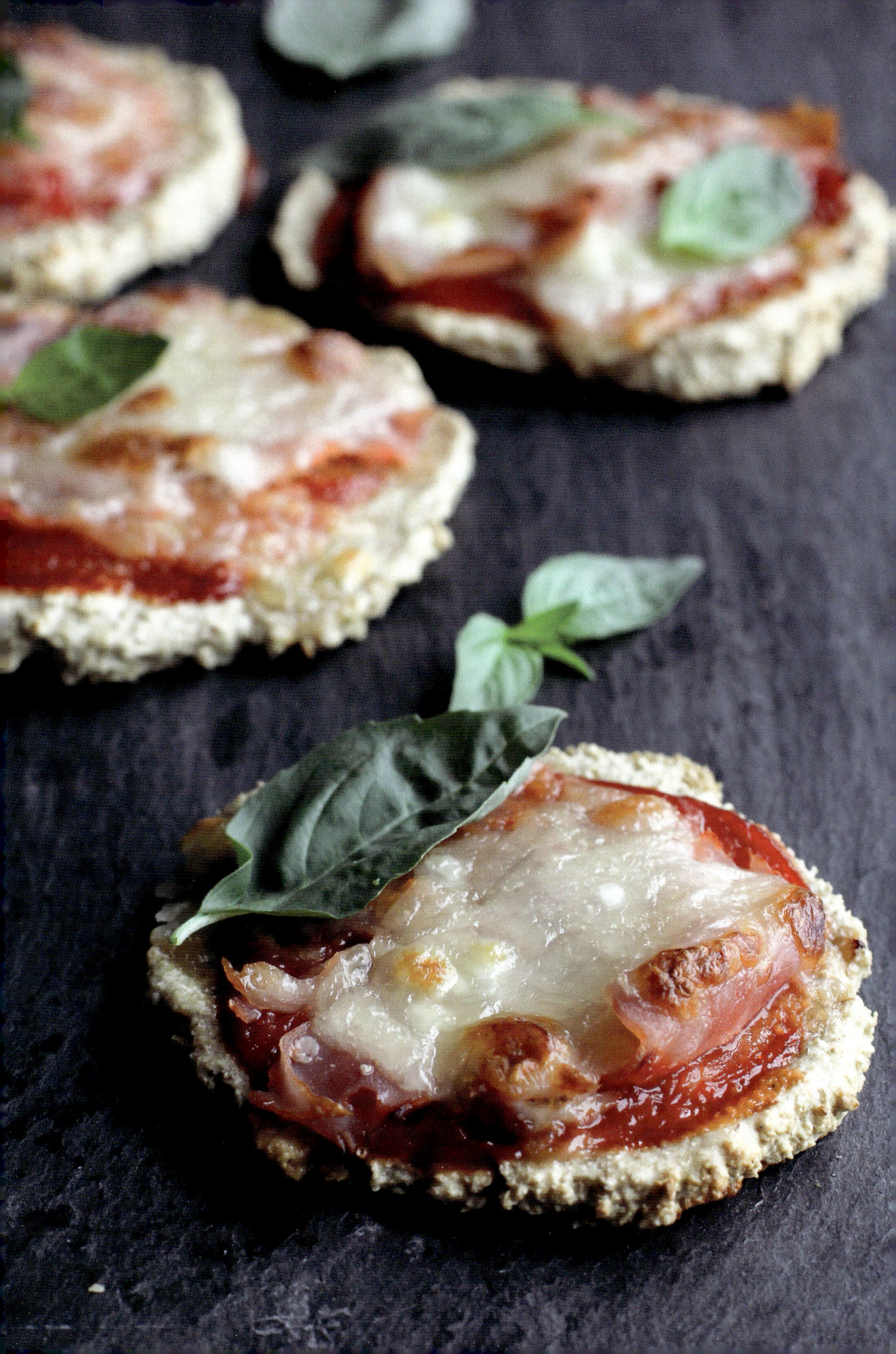

Vollkorn-Käsespätzle

Vorbereitungszeit: 15 Minuten
Koch-/Backzeit: 15 Minuten

Schwierigkeit: einfach
Portionen: 3

FÜR DIE SPÄTZLE
— **250 g fein gemahlenes Vollkorn-Dinkelmehl**
— **2 Eier**
— **150 ml Wasser (lauwarm)**
— **Salz**

FÜR DIE SOSSE
— **1 kleine rote Zwiebel**
— **1 EL Olivenöl**
— **3 frische Thymianzweige**
— **250 ml Reissahne**
— **60 g geriebener Parmesan**
— **Salz**
— **Pfeffer**

Als Erstes bereiten wir den Spätzleteig zu – alle Zutaten in einer Schüssel mit einem Küchenspachtel vermischen und einen zähen Teig ausarbeiten. Anschließend einen großen Topf zur Hälfte mit Wasser befüllen und dieses zum Kochen bringen. Den vorbereiteten Teig portionsweise durch eine Spätzlereibe direkt in das kochende Wasser reiben und bei mittlerer Hitze kochen lassen, bis die Spätzle an die Oberfläche steigen (das dauert etwa 1–2 Minuten). Die gekochten Spätzle aus dem Topf schöpfen und beiseitestellen. Auf diese Weise nach und nach den gesamten Teig verarbeiten.

Während die Spätzle kochen, bereiten wir die Soße zu. Die rote Zwiebel in Ringe schneiden. In einer Pfanne 1 Esslöffel Olivenöl erhitzen, die kleingeschnittene Zwiebel dazugeben und 3 Minuten bei mittlerer Hitze anbraten. Dann den Thymian hinzugeben und weitere 2 Minuten anbraten. Anschließend gießen wir die Reissahne mit in die Pfanne und lassen das Ganze 4 Minuten bei mittlerer Hitze kochen.

Zum Schluss die Spätzle zur Soße in die Pfanne geben, alles umrühren und mit Salz und Pfeffer abschmecken. Dann die Pfanne von der Platte nehmen und zum Abschluss den Parmesan unter die Spätzle rühren.

TIPP Die Spätzle haben wir mit roter Röstzwiebel serviert.

Nährwertangaben für 1 Portion:
562 kcal | 21 g Eiweiß | 70 g Kohlenhydrate | 21 g Fett

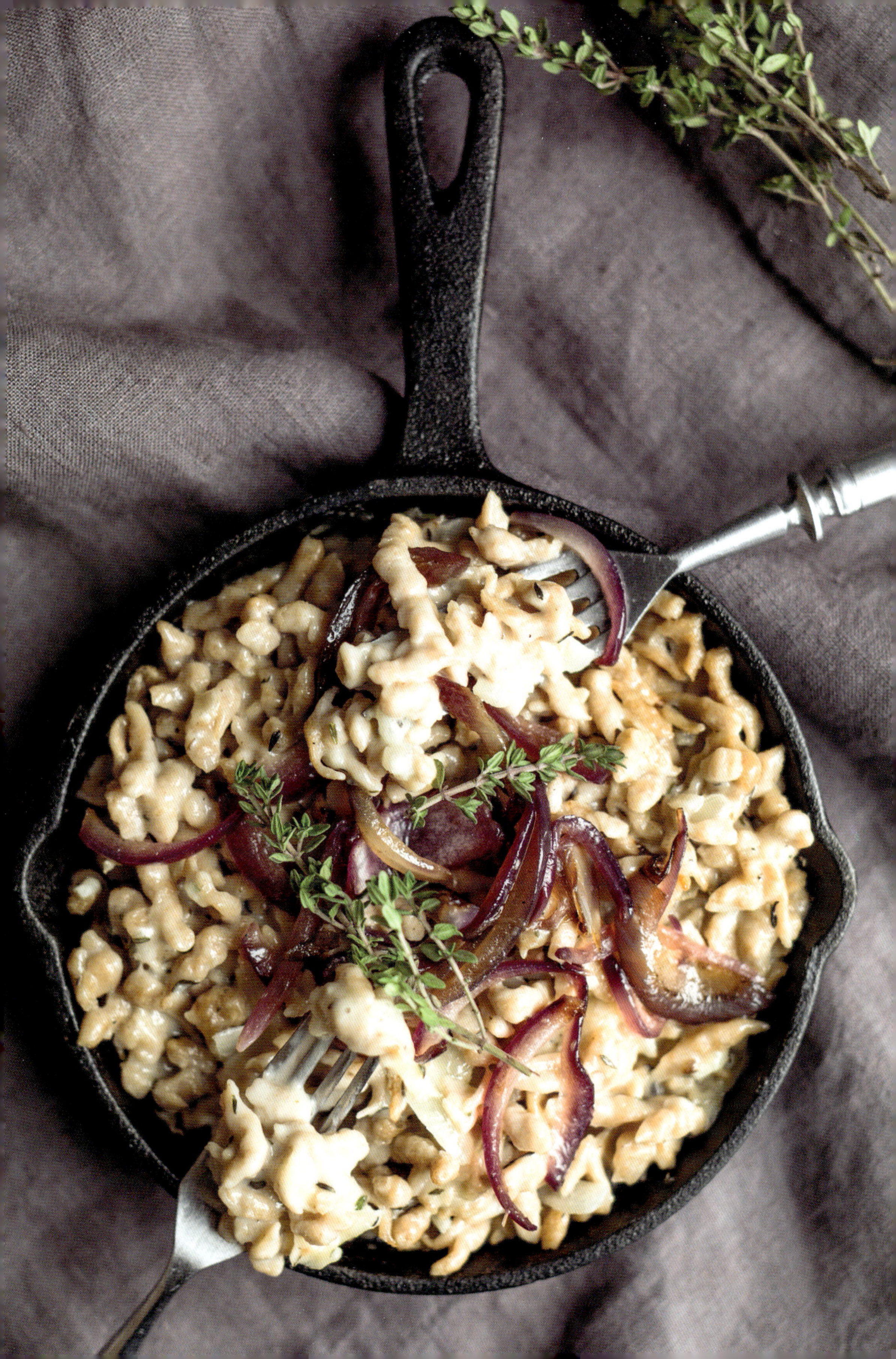

Butterschmalz

Vorbereitungszeit: 15 Minuten
Koch-/Backzeit: 20 Minuten

Schwierigkeit: mittelschwer
Portionen: 1 Stück

— **250 g Bauernbutter**

Die Butter in kleine Würfel schneiden, in einen Topf geben und bei mittlerer Hitze schmelzen lassen. Die Butter umrühren, bis sich an der Oberfläche Schaum bildet. Den Schaum mit einem Löffel abschöpfen. (Hierdurch entfernen wir Buttermilch und Wasser. Es bleibt das reine Fett übrig.) Wenn kein Schaum mehr entsteht (nach ca. 20 Minuten) die Butter zur Seite stellen und durch ein sauberes Tuch in ein verschließbares Glasgefäß filtrieren. Das Gefäß erst nach vollständigem Abkühlen der Butter verschließen und bei Zimmertemperatur lagern.

Die so zubereitete Butter kann zum Backen, Braten oder zum direkten Verzehr verwendet werden. Bei Lagerung an einem kühlen und trockenen Ort ist sie bis zu einem halben Jahr haltbar.

Nährwertangaben für 1 Stück:
1906 kcal | 2 g Eiweiß | 2 g Kohlenhydrate | 210 g Fett

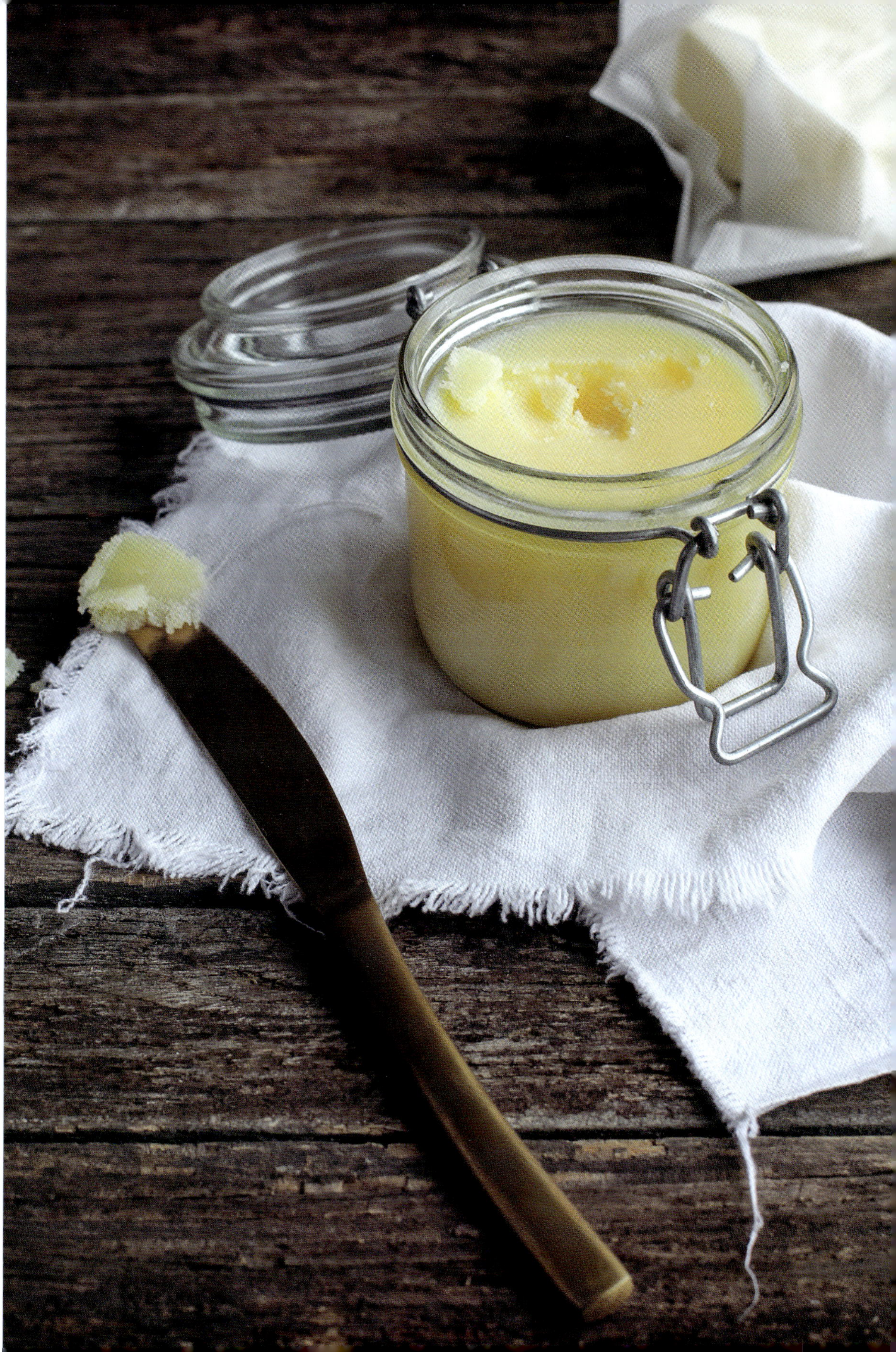

Avocado-Aufstrich

Vorbereitungszeit: 5 Minuten
Koch-/Backzeit: 0 Minuten

Schwierigkeit: einfach
Portionen: 2

- 1 Avocado
- 120 g Hüttenkäse
- 1 Knoblauchzehe
- 1 EL Zitronensaft
- 1 EL Tahini*
- Salz

Alle Zutaten zusammen glattmixen.

TIPP Streicht den Aufstrich auf Vollkornbrot und belegt es mit einem in Scheiben geschnittenen Ei.

* Tahini ist eine aus geschälten Sesamsamen hergestellte Paste. Gegenüber anderen Nussbutterarten zeichnet sie sich durch einen leicht bitteren Geschmack aus. Die Paste hat zahlreiche Anwendungsmöglichkeiten in der warmen und kalten Küche, sie wird zum Beispiel zum Eindicken von Suppen, Abschmecken von Hummus oder beim Backen verwendet.

Nährwertangaben für 1 Portion:
336 kcal | 10 g Eiweiß | 8 g Kohlenhydrate | 30 g Fett

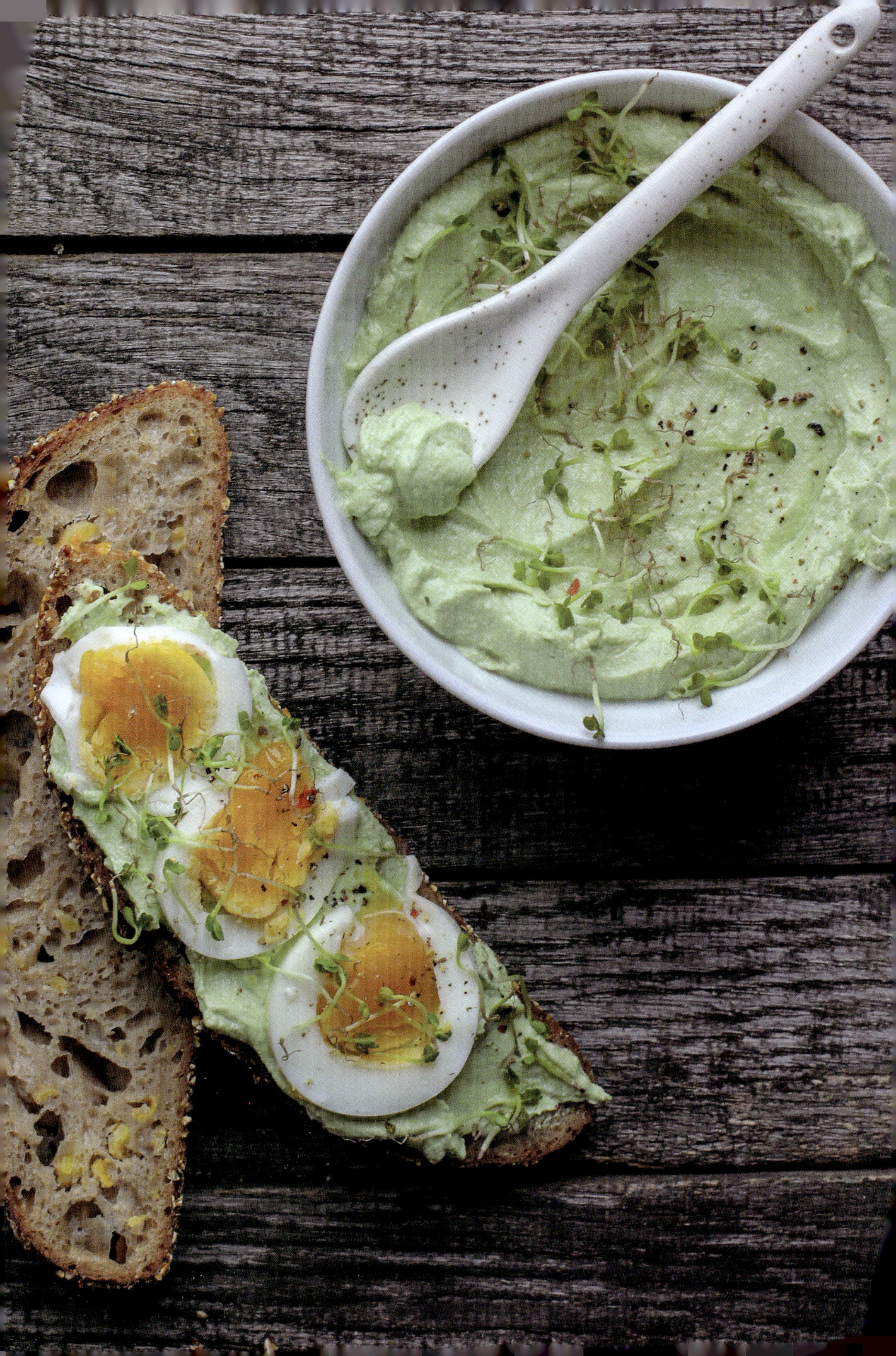

Kichererbsen-Aufstrich

Vorbereitungszeit: 5 Minuten
Koch-/Backzeit: 0 Minuten

Schwierigkeit: einfach
Portionen: 2

- **150 g vorgekochte Kichererbsen**
- **1 TL Hefeflocken***
- **1 EL Olivenöl**
- **1 EL Zitronensaft**
- **2 EL Quark**
- **1 TL Kreuzkümmel**
- **Salz**
- **Pfeffer**

Die Kichererbsen zusammen mit den Hefeflocken, Olivenöl, Zitronensaft und Quark in den Mixer geben. Glattmixen. Den Aufstrich mit Salz, Pfeffer und Kümmel abschmecken.

TIPP Eine Vollkorn-Tortilla mit Kichererbsen-Aufstrich und mit Gemüse und Ei belegt dient hervorragend als schnelles Vesper.

* Hefeflocken werden nicht als Triebmittel, sondern zum Abschmecken von Mahlzeiten verwendet. Sie beinhalten eine große Menge an Eiweiß, Mineralien und Vitamin B_1, B_2 und B_3.

Nährwertangaben für 1 Portion:
151 kcal | 6 g Eiweiß | 12 g Kohlenhydrate | 9 g Fett

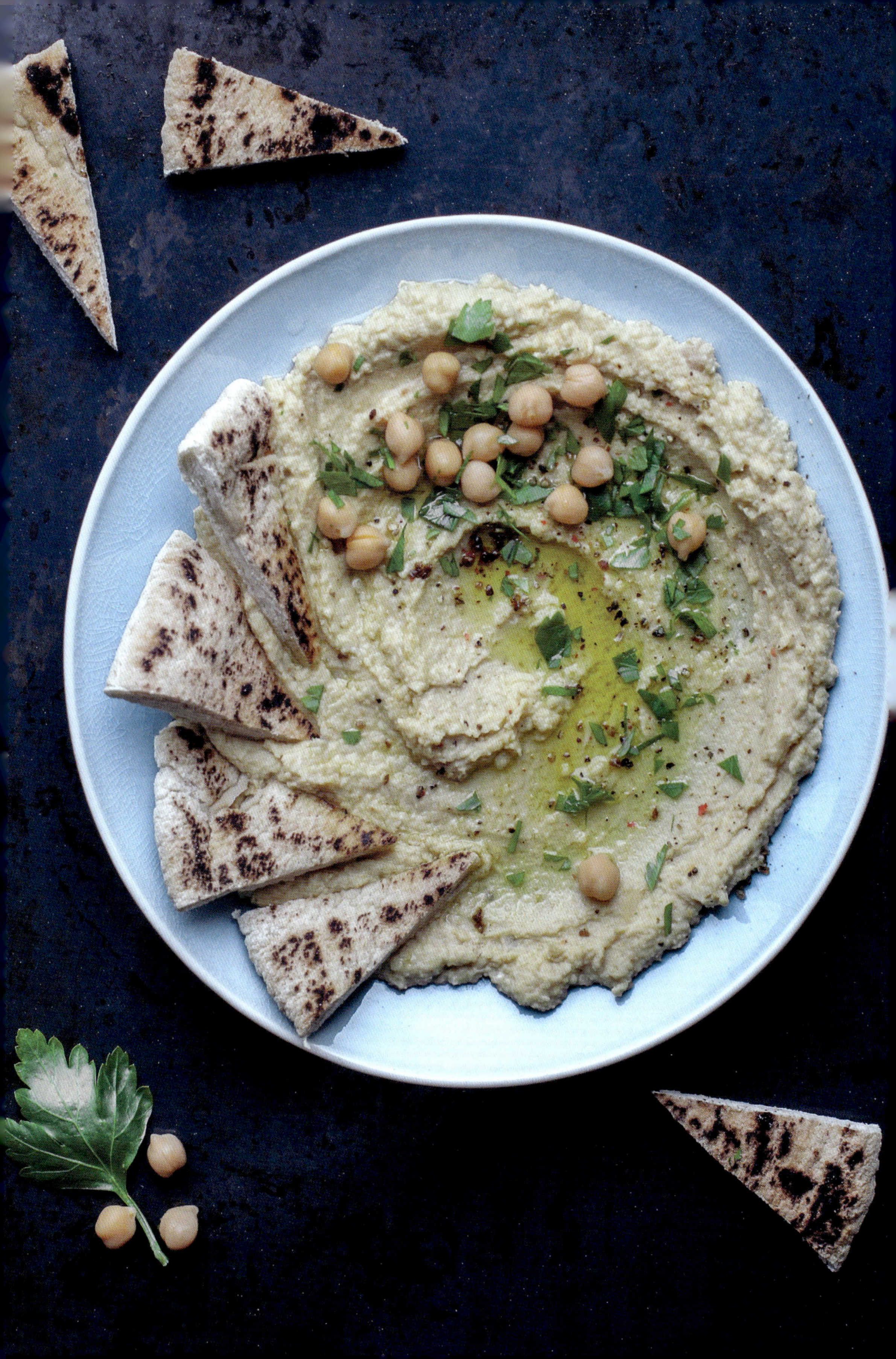

Linsen-Aufstrich

Vorbereitungszeit: 15 Minuten
Koch-/Backzeit: 3 Minuten

Schwierigkeit: einfach
Portionen: 2

- **100 g getrocknete rote Linsen**
- **2 Eier**
- **1 EL Olivenöl**
- **1 Schalotte**
- **1 Knoblauchzehe**
- **1 EL Kurkuma**
- **1 EL Zitronensaft – kann auch weggelassen werden**
- **1 Handvoll frische Petersilie**
- **Salz**
- **Pfeffer**

Die Linsen in kaltem Wasser abwaschen und gemäß der Anleitung auf der Packung kochen. Die Eier hartkochen. Die fein gehackte Schalotte in Olivenöl anbraten. Die gekochten Linsen zusammen mit gepresstem Knoblauch und Kurkuma hinzugeben. Von der Platte nehmen und abkühlen lassen.

Den Pfanneninhalt zusammen mit den zuvor geschälten Eiern in den Mixer geben. Alles mixen, bis die geforderte Konsistenz erreicht wird (nicht ganz glatt). Mit Salz und Pfeffer abschmecken, eventuell mit Zitronensaft.

Zum Schluss frische gehackte Petersilie in den Aufstrich geben.

TIPP Den Linsenaufstrich auf ein Vollkornbaguette streichen und mit grünen Oliven garnieren.

Nährwertangaben für 1 Portion:
343 kcal | 20 g Eiweiß | 37 g Kohlenhydrate | 13 g Fett

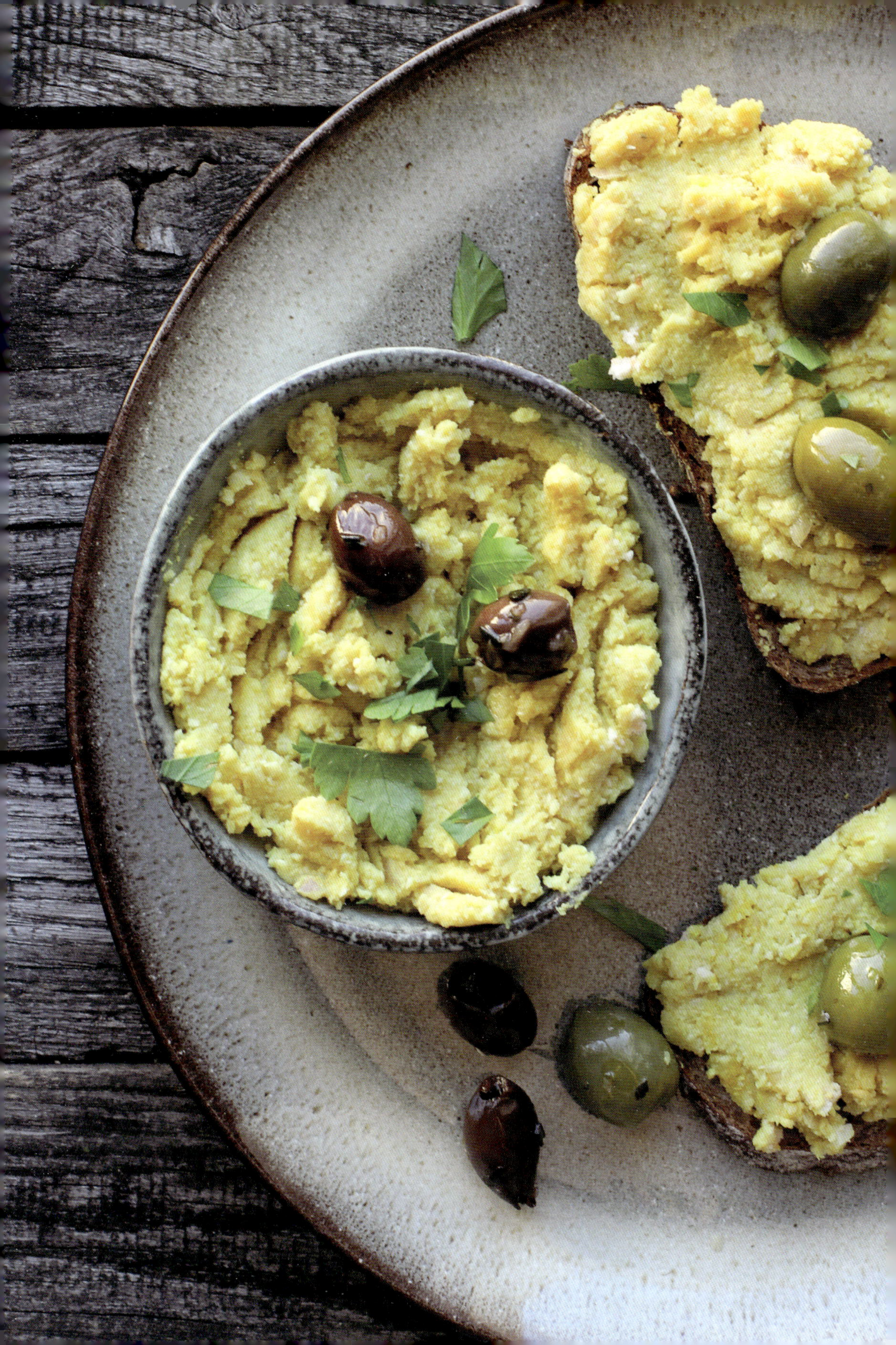

Auberginen-Aufstrich

Vorbereitungszeit: 15 Minuten
Koch-/Backzeit: 50 Minuten

Schwierigkeit: mittelschwer
Portionen: 4

- **1 Aubergine**
- **3 Knoblauchzehen**
- **200 g Ricotta**
- **1 EL Zitronensaft**
- **1 Handvoll frisches Basilikum**
- **Salz**
- **Pfeffer**

Die Aubergine mit einer Gabel einstechen und zusammen mit den Knoblauchzehen in Alufolie packen. Im vorgeheizten Backofen 45–50 Minuten bei 170–180 °C backen. Die Aubergine kurz abkühlen lassen und in Frischhaltefolie packen. Die Aubergine anschließend schälen und das Innere zusammen mit den gebackenen Knoblauchzehen in den Mixer geben und glattmixen. Das Ricotta und den Zitronensaft hinzugeben und mit Salz und Pfeffer abschmecken. Zum Schluss frisches Basilikum hinzugeben.

TIPP Ihr könnt den Aufstrich zum Beispiel mit den Vollkorncrackern von Seite 128 servieren.

Nährwertangaben für 1 Portion:
110 kcal | 5 g Eiweiß | 7 g Kohlenhydrate | 7 g Fett

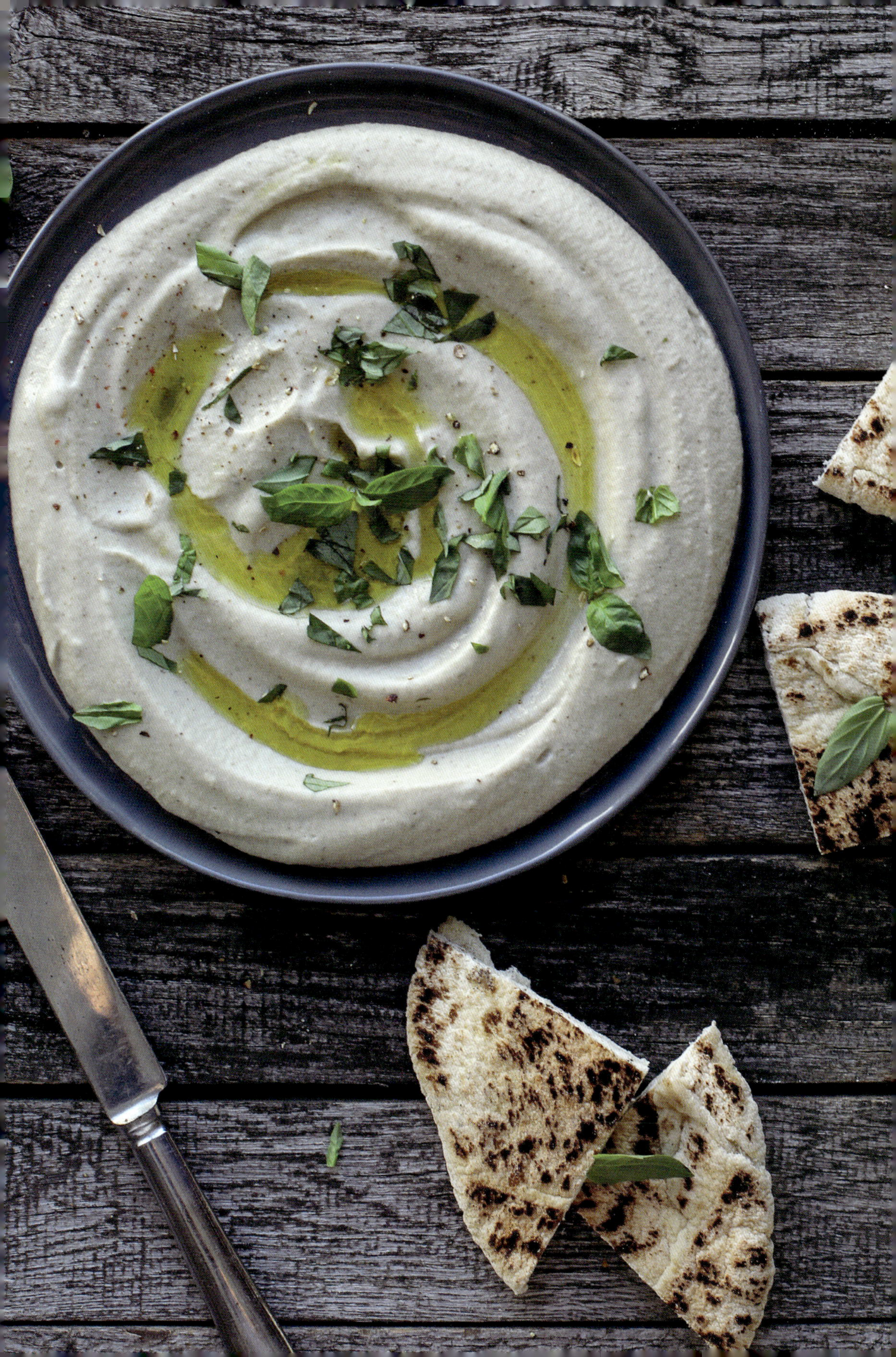

Thunfisch-Aufstrich mit Koriander

Vorbereitungszeit: 5 Minuten
Koch-/Backzeit: 0 Minuten

Schwierigkeit: einfach
Portionen: 4

- **150 g Ricotta**
- **120 g Thunfisch im eigenen Saft**
- **1 EL Olivenöl**
- **1 EL Limettensaft**
- **½ TL gemahlener Chili**
- **1 Prise gemahlener Koriander**

Alle Zutaten vermischen beziehungsweise in der Küchenmaschine verrühren.

TIPP Ihr könnt den Aufstrich für eine gesündere Häppchenvariante verwenden.

Nährwertangaben für 1 Portion:
106 kcal | 10 g Eiweiß | 1 g Kohlenhydrate | 7 g Fett

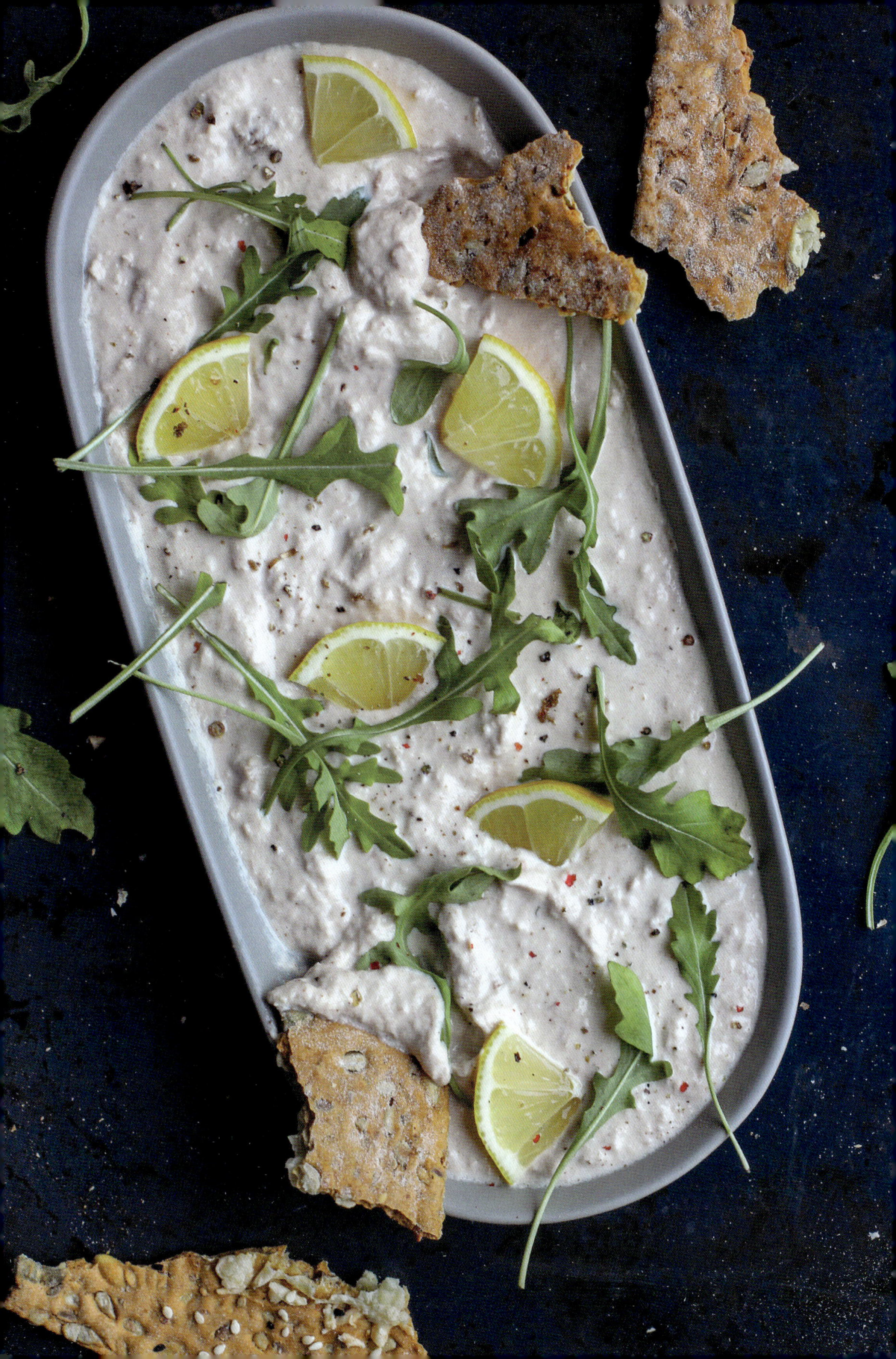

Quark-Aufstrich mit Schnittlauch

Vorbereitungszeit: 5 Minuten
Koch-/Backzeit: 0 Minuten

Schwierigkeit: einfach
Portionen: 4

- **200 g Quark Halbfettstufe**
- **60 g Sonnenblumenkerne**
- **60 ml Reissahne***
- **2 Knoblauchzehen**
- **1 kleine Schalotte**
- **1 Handvoll frischer Schnittlauch**
- **Salz**
- **Pfeffer**

Beide Knoblauchzehen pressen und mit Quark, Sonnenblumenkernen, Sahne, fein gehackter Schalotte und Schnittlauch in einer Schüssel vermischen.

Aufstrich mit Salz und Pfeffer abschmecken.

TIPP Anstatt Quark könnt Ihr Frischkäse verwenden. Das Rezept findet Ihr auf Seite 32.

* Reissahne ist eine pflanzliche Alternative zu normaler Sahne. Sie hat einen prägnanteren Geschmack und enthält weniger gesättigte Fettsäuren. Sie kann sowohl in der kalten als auch in der warmen Küche genutzt werden.

Nährwertangaben für 1 Portion:
182 kcal | 9 g Eiweiß | 12 g Kohlenhydrate | 11 g Fett

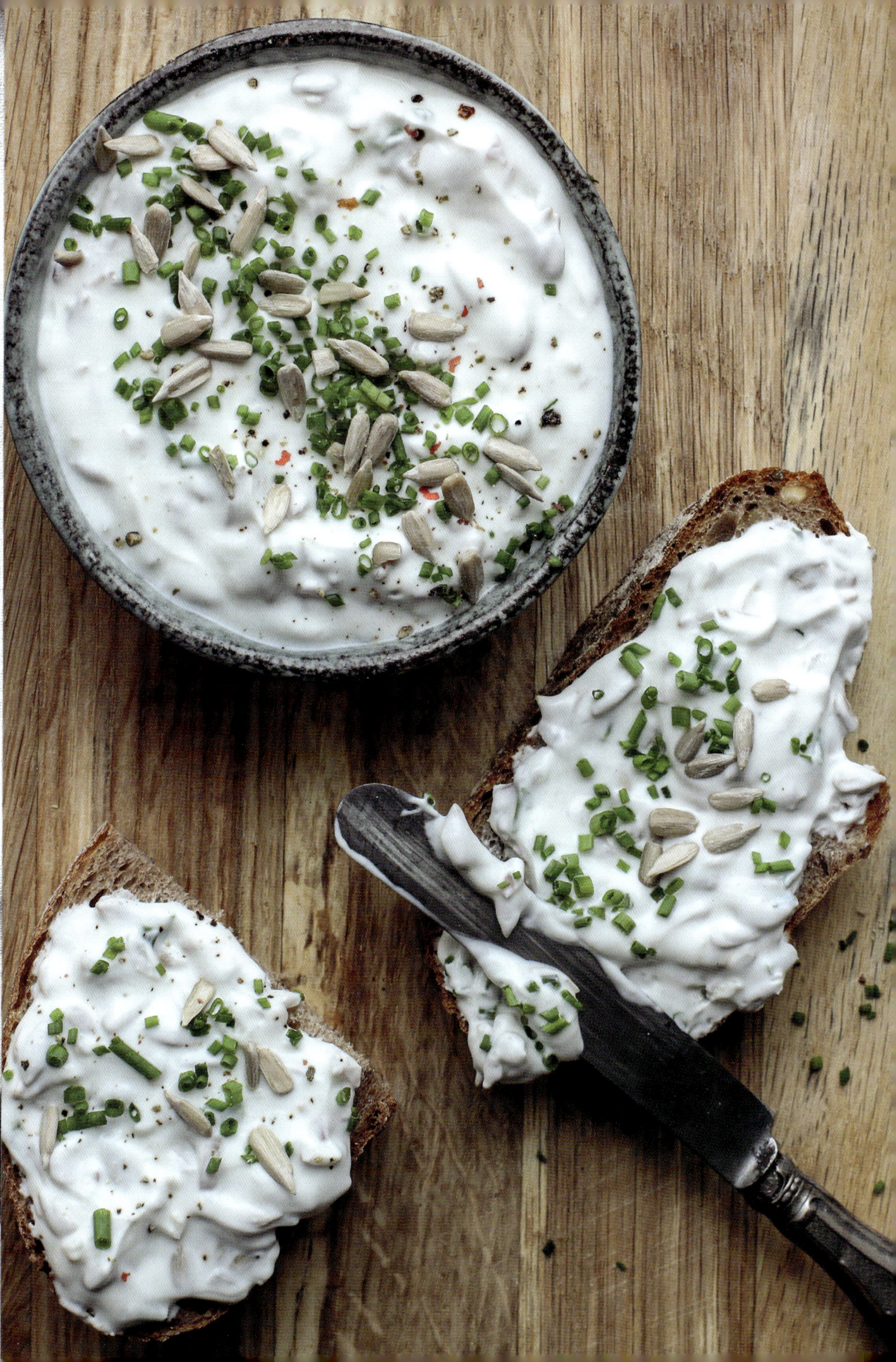

Guacamole

Vorbereitungszeit: 10 Minuten
Koch-/Backzeit: 0 Minuten

Schwierigkeit: einfach
Portionen: 4

- 2 reife Avocados
- 1 EL Zitronensaft
- 1 Schalotte
- 1 Jalapeno-Paprika*
- 3 Cherry-Tomaten
- 1 Knoblauchzehe
- 2 TL getrockneter Koriander

Die Avocados schälen und entkernen und mit einer Gabel zerdrücken. Die fein gehackte Schalotte sowie Zitronensaft, gehackte Jalapeno-Paprika, kleingeschnittene Tomaten, gepressten Knoblauch und getrockneten Koriander hinzugeben.

TIPP Sofern Ihr frische Kräuter zu Hause habt, nehmt statt getrocknetem Koriander den aus dem Garten.

*Jalapeno ist eine scharfe Paprika aus Mexiko. Sie ist im normalen Supermarkt erhältlich.

Nährwertangaben für 1 Portion:
253 kcal | 2 g Eiweiß | 8 g Kohlenhydrate | 24 g Fett

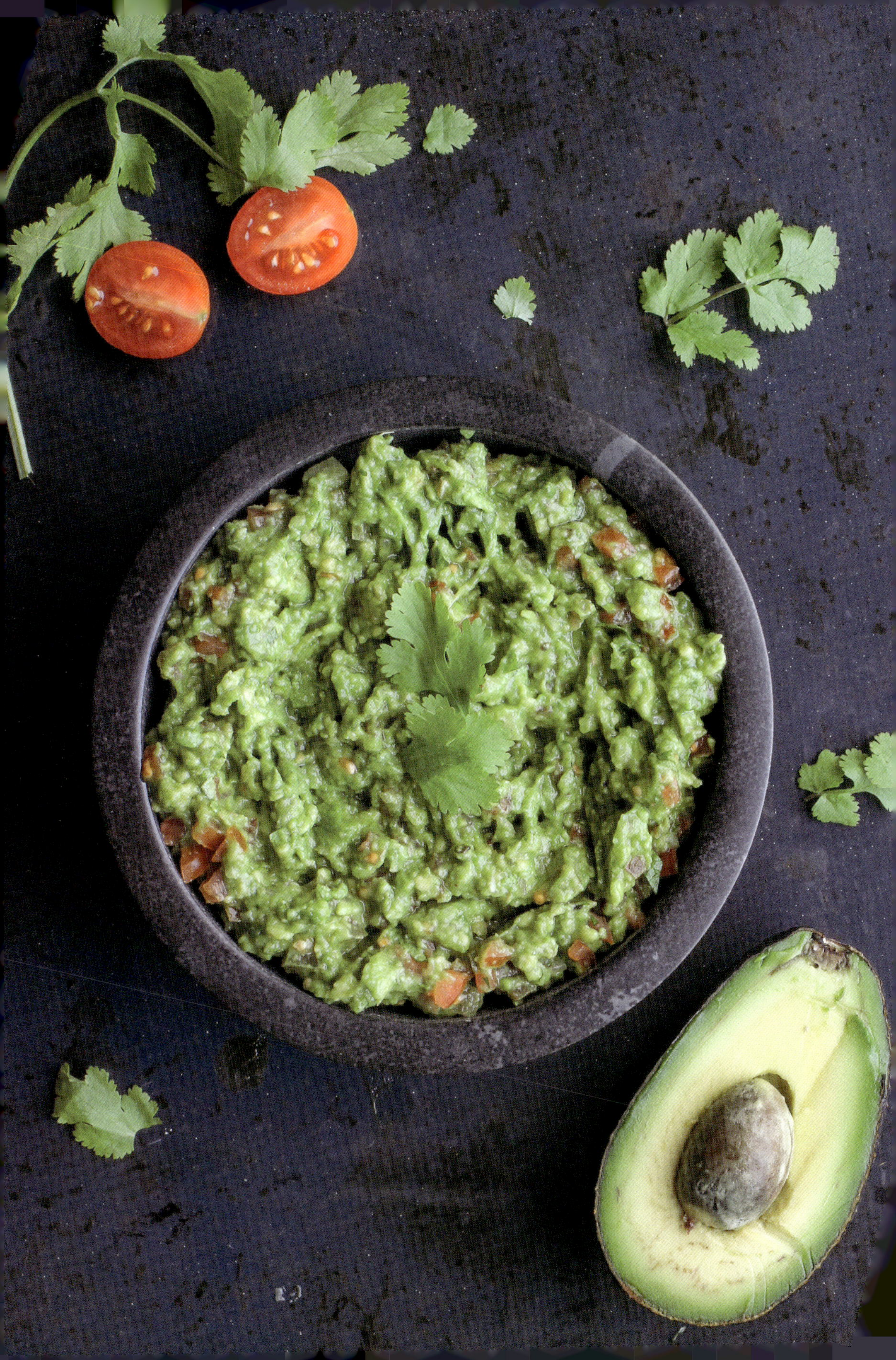

Herzhafte Leckerbissen

Ihr fragt Euch, was diese Kategorie in diesem Kochbuch verloren hat? Die Antwort ist einfach. Gesund essen bedeutet nicht, dass Ihr die gewohnten Laster aufgeben müsst. Wir zeigen Euch, wie verschiedenste Flips, Chips und Cracker im Nu in gesunde Naschereien verwandelt werden können, die sich absolut jeder erlauben darf. Und wenn Ihr Kinder habt, werdet Ihr doppelt Freude daran haben. Denn gerade Kinder schauen sich von den Erwachsenen sehr gerne die verschiedensten ungesunden Angewohnheiten ab.

Als größte Entdeckung betrachten wir gebackene Kichererbsen, die auf hundert und eine Art zubereitet werden können, je nachdem, welches Gewürz Ihr bei der Zubereitung verwendet. An zweiter Stelle stehen Gemüsechips, deren Zubereitung wir Euch gleich aus fünf Gemüsearten zeigen. Aus Süßkartoffeln, Zucchini, Karotten, Wurzelpetersilie und auch aus Roter Bete. Wer hätte je gedacht, dass Wurzelgemüse einmal beim Filmeschauen solch ein Hit sein würde?

Den dritten Rang teilen sich verschiedenste Dips, in die Ihr anstelle von Salzstangen Gurken- oder Paprikastücke tunken könnt. Ihr findet hier auch Rezepte, die Ihr vorab backen und zu einer Familienfeier oder einer Party mitnehmen könnt. Und wer weiß, vielleicht werdet Ihr mit Eurem Vorbild auch noch andere inspirieren.

Pikante Kichererbsen

Vorbereitungszeit: 5 Minuten
Koch-/Backzeit: 40 Minuten

Schwierigkeit: einfach
Portionen: 4

- **400 g Kichererbsen aus der Dose**
- **1 TL Olivenöl**
- **1 TL scharfe Paprika**
- **1 EL Kurkuma**
- **½ TL Salz**

Den Backofen auf 170 °C vorheizen. Das Kichererbsenwasser abgießen, die Kichererbsen in eine Schüssel geben und mit Öl, Paprika, Kurkuma und Salz vermischen.

Die Kichererbsen gleichmäßig auf einem mit Backpapier ausgelegten Backblech verteilen und ca. 40 Minuten bei 160–170 °C backen. Wir empfehlen, während des Backens die Kichererbsen mindestens zweimal mit einem Kochlöffel zu wenden.

TIPP Die pikanten Kichererbsen können entweder allein oder zu einem Gemüsesalat serviert werden.

Nährwertangaben für 1 Portion:
140 kcal | 7 g Eiweiß | 16 g Kohlenhydrate | 6 g Fett

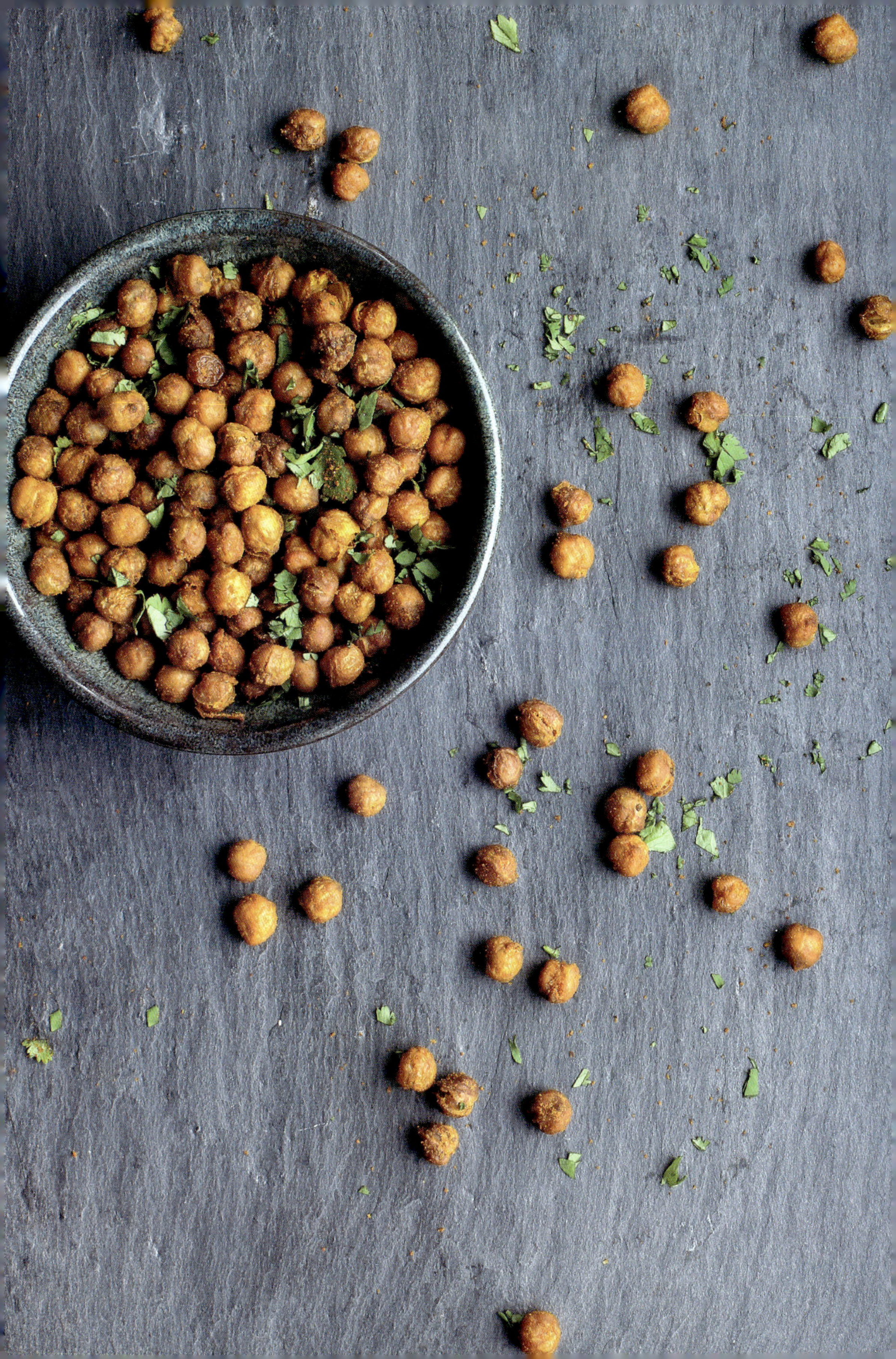

Vollkorncracker

Vorbereitungszeit: 45 Minuten
Koch-/Backzeit: 20 Minuten

Schwierigkeit: mittelschwer
Portionen: 30

- **200 g fein gemahlenes Vollkorn-Dinkelmehl**
- **110 g Haferflockenmehl**
- **60 g Buchweizenmehl***
- **1 TL phosphatfreies Backpulver**
- **1 Prise Salz**
- **4 EL Olivenöl**
- **100 ml Buttermilch**
- **150 ml Milch**
- **1,5 EL Mohn**
- **1 EL Sesamsamen**
- **1,5 TL Chia-Samen**

Das gesamte Mehl, Backpulver, Salz, Olivenöl, Buttermilch und Milch in einer tiefen Schüssel vermischen. Einen glatten Teig zubereiten, in den wir Mohn, Sesam- und Chia-Samen einarbeiten.

Den Teig in Frischhaltefolie packen und 30 Minuten ruhen lassen. Den Teig auf einem mehlbestäubten Nudelbrett auf eine Stärke von 3 mm ausrollen. Den ausgerollten Teig auf ein mit Backpapier ausgelegtes Backblech legen und in ca. 30 gleich große Stücke schneiden. 20 Minuten bei 170–180 °C backen.

TIPP Die hausgemachten Cracker vertragen sich bestens mit Guacamole. Das Rezept findet Ihr auf Seite 122.

* Buchweizenmehl hat einen hohen Gehalt an Kalium, Calcium, Eisen und Zink. Es eignet sich für die Entgiftung des Organismus und hilft bei Magengeschwüren.

Nährwertangaben für 1 Portion:
73 kcal | 2 g Eiweiß | 9 g Kohlenhydrate | 3 g Fett

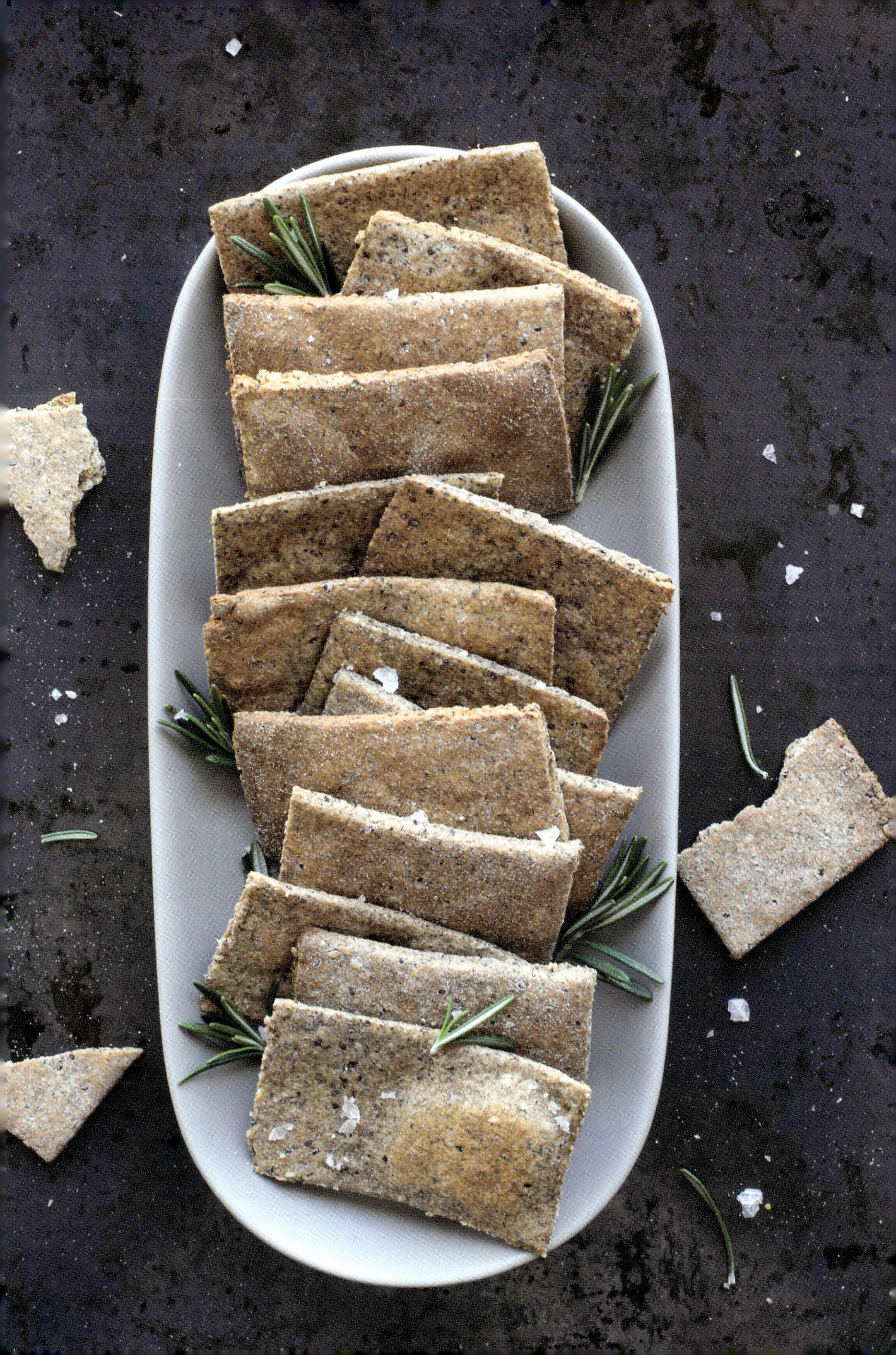

Vollkornquiche

Vorbereitungszeit: 40 Minuten
Koch-/Backzeit: 50 Minuten

Schwierigkeit: mittelschwer
Portionen: 10

FÜR DEN TEIG
— 200 g fein gemahlenes Vollkorn-Dinkelmehl
— 30 g Kokosöl oder Butterschmalz
— 1 Prise Salz
— 50 ml Milch
— 2 EL Olivenöl

FÜR DIE FÜLLUNG
— 1 EL Olivenöl
— 2 Schalotten
— 150 g Champignons
— 300 g Blattspinat
— 1 Knoblauchzehe
— 3 Eier
— 1 Prise geriebene Muskatnuss
— 100 g Cherry-Tomaten
— 250 g Ricotta
— 50 g Parmesan zum Bestreuen
— Salz
— Pfeffer
— + 50 g fein gemahlenes Vollkorn-Dinkelmehl zum Bestreuen des Nudelbretts
— 20 g Fett zum Einfetten der Form

Nährwertangaben für 1 Portion:
258 kcal | 11 g Eiweiß | 22 g Kohlenhydrate | 14 g Fett

Den Backofen auf 190 °C vorheizen. Das Mehl in eine Schüssel sieben und geschmolzenes Kokosöl, Salz, Milch und Olivenöl hinzugeben. Zu einem Teig verarbeiten, in Frischhaltefolie packen und für 20 Minuten in den Kühlschrank stellen. Den Teig aus dem Kühlschrank nehmen, mit den Händen durchkneten und anschließend auf einem mehlbestäubten Nudelbrett kreisförmig ausrollen (ca. 2 cm größer als die Form mit Rändern). Eine runde Form mit 30 cm Durchmesser mit Kokosöl oder einem beliebigen anderen Fett einfetten und mit dem Teig auslegen. Überschüssigen Teig, der über den Rand der Form hinausragt, abschneiden. Den Teigboden mit einer Gabel einstechen, mit getrockneten Bohnen beschweren, damit der Teig sich nicht aufpustet, und 10 Minuten bei 180–190 °C backen. Inzwischen einen Esslöffel Olivenöl in der Pfanne erhitzen, die gehackten Schalotten, die Champignons, den gewaschenen Spinat und die gepresste Knoblauchzehe hinzugeben. 7 Minuten anbraten, anschließend einen Moment abkühlen lassen und in eine Schüssel füllen, in die wir die Eier, die halbierten Tomaten, Muskatnuss, Ricotta, Salz und Pfeffer zugeben. Die Mischung auf den gebackenen Teig gießen, alles wieder in den Backofen schieben und für weitere 25-30 Minuten bei 180–190 °C backen. In den letzten 5 Minuten überbacken wir die Quiche mit Parmesan.

TIPP Gebt zusammen mit dem Parmesan zwei Handvoll frischen gehackten Lauch dazu.

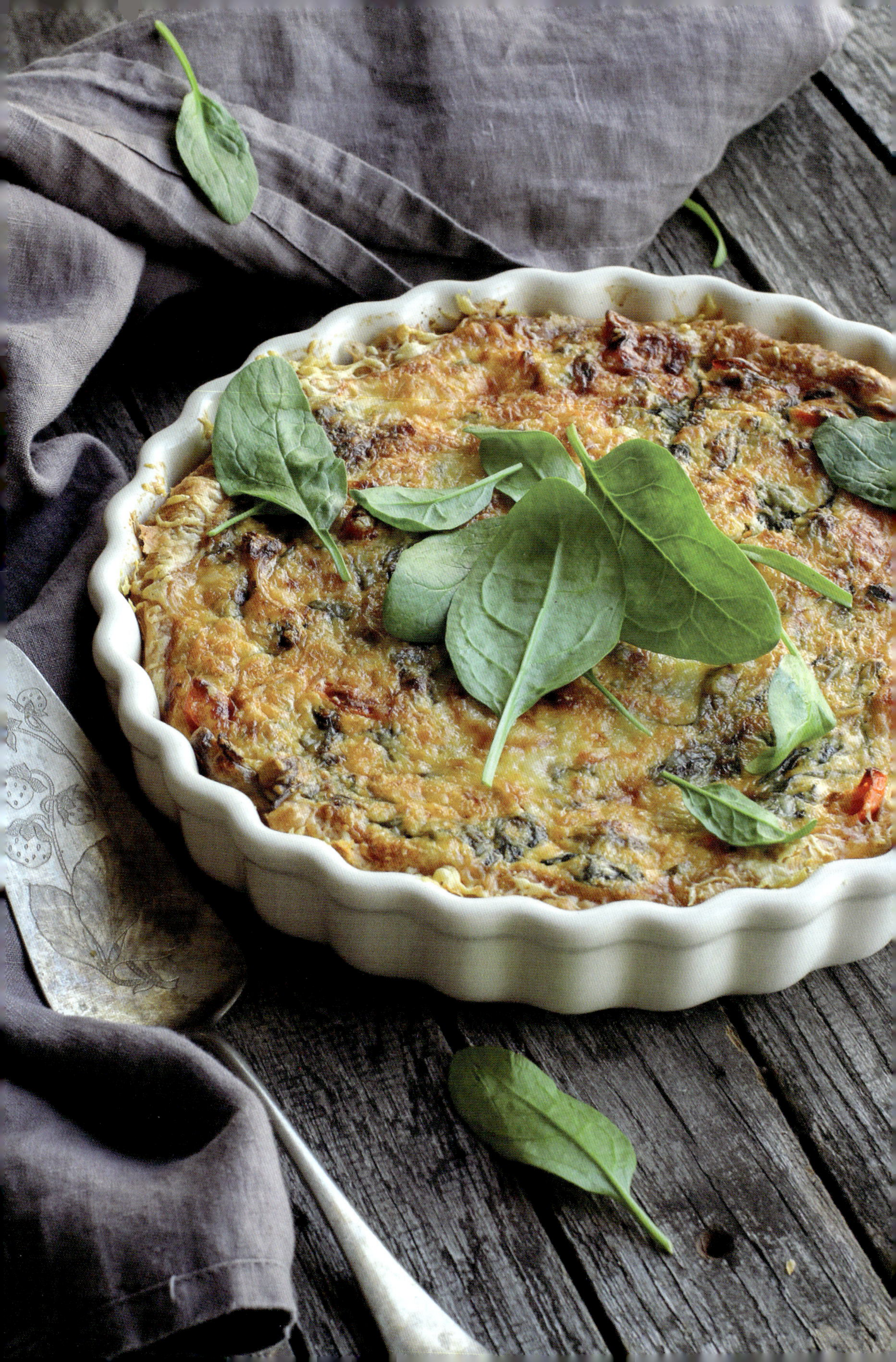

Ei-Muffins

Vorbereitungszeit: 5 Minuten
Koch-/Backzeit: 10 Minuten

Schwierigkeit: einfach
Portionen: 12

- **10 Eier**
- **200 g hochwertiger Schinken**
- **1 Frühlingszwiebel**
- **100 g Mozzarella**
- **150 g Spinat**
- **2 getrocknete Tomaten**
- **1 TL Thymian**
- **Salz**
- **Pfeffer**

Den Backofen auf 160 °C vorheizen. In einer Schüssel alle Eier verquirlen. Den Schinken in kleine Würfel schneiden, die Zwiebel, den Mozzarella, den Spinat und die Tomaten kleinschneiden und alles in die Schüssel zu den Eiern geben. Die Mischung salzen, pfeffern und mit Thymian abschmecken.

Der so entstandene Teig wird gleichmäßig in Muffinförmchen (12 Stk.) gefüllt, in den Ofen gegeben und 8–10 Minuten bei 150–160 °C gebacken. Die Muffins können gleich nach dem Backen oder abgekühlt serviert werden.

TIPP Zu den Muffins könnt Ihr Thunfisch im eigenen Saft servieren.

Nährwertangaben für 1 Portion:
105 kcal | 10 g Eiweiß | 1 g Kohlenhydrate | 7 g Fett

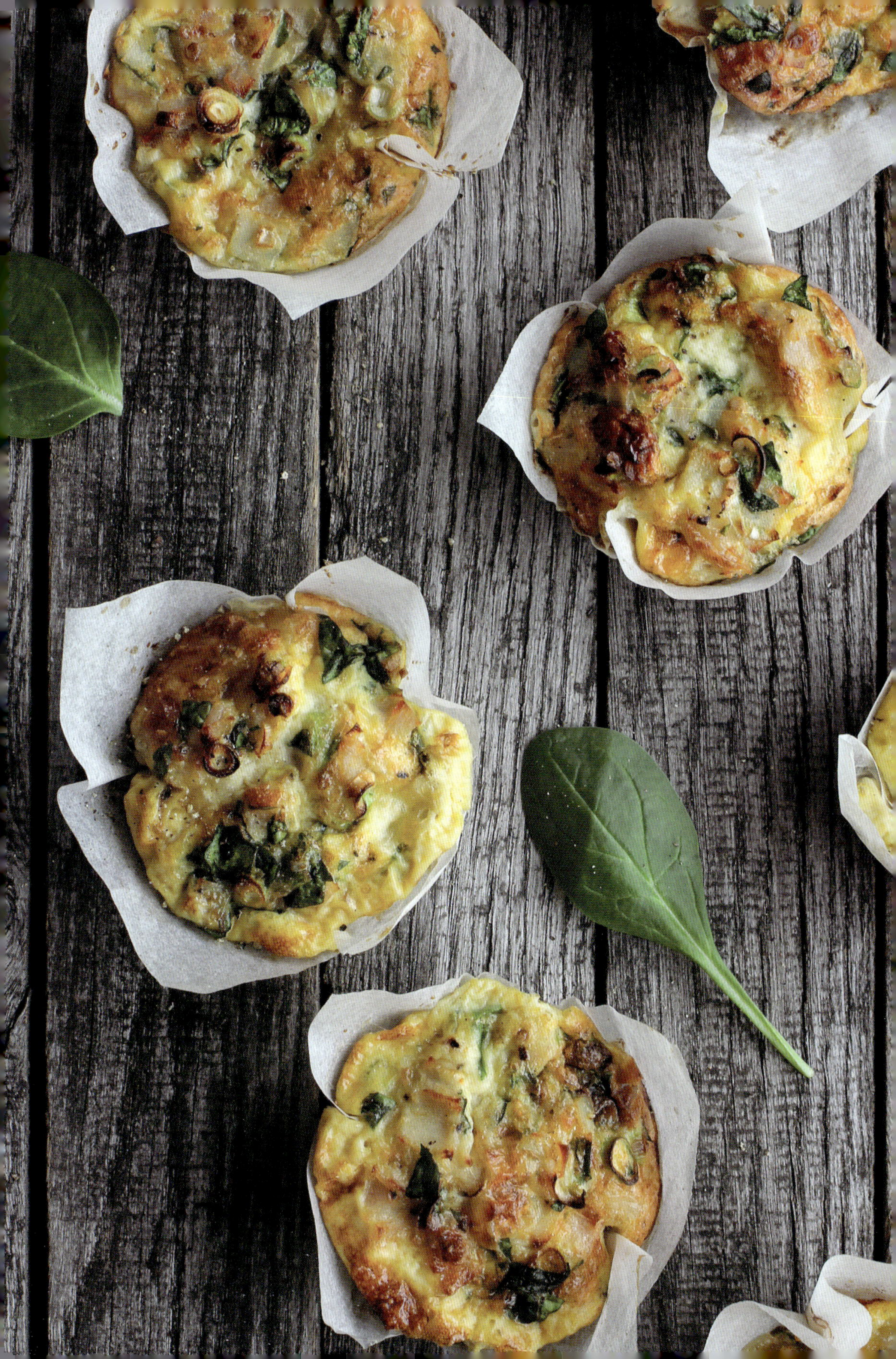

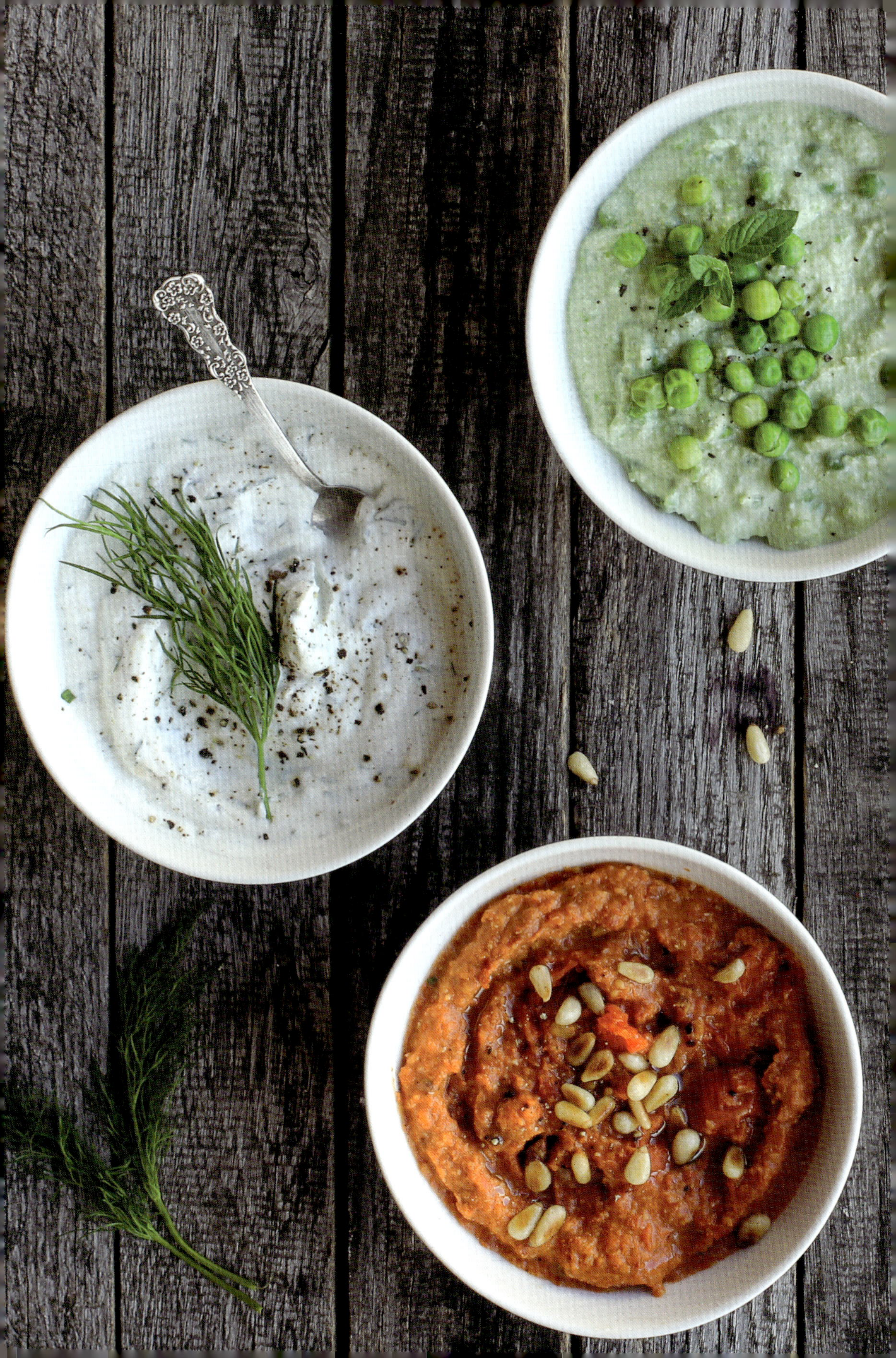

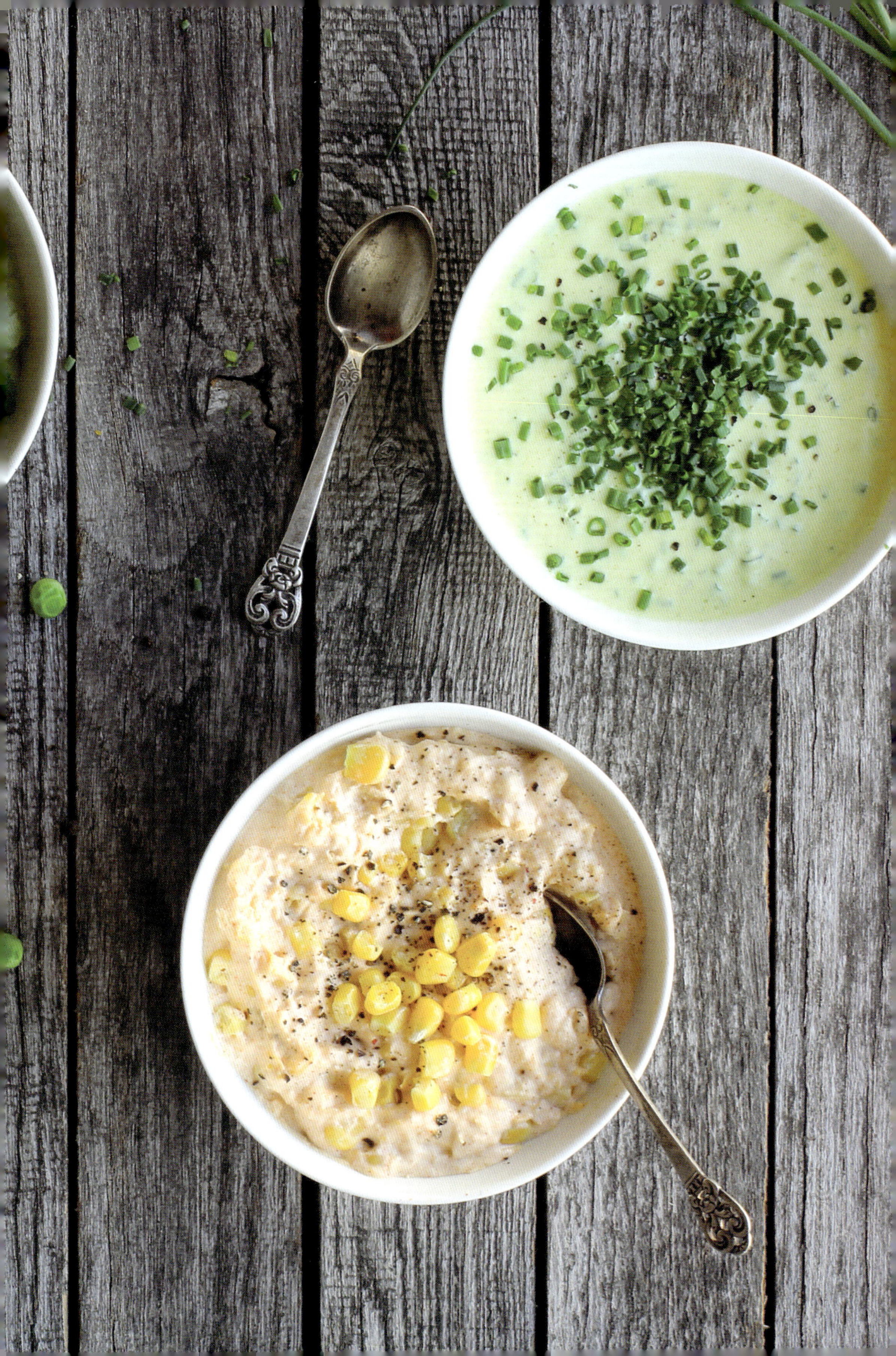

Dill-Dip

- **200 g Ricotta**
- **1 Handvoll frischer Dill**
- **Salz**
- **Pfeffer**
- **Saft von ½ Limette**

Alle Zutaten vermischen und zusammen mit Gemüse oder Gemüsechips servieren.

2 Portionen / Nährwertangaben für 1 Portion:
125 kcal | 9 g Eiweiß | 3 g Kohlenhydrate | 9 g Fett

Dip aus gebackenen Tomaten

- **400 g Tomaten**
- **60 g Pinienkerne**
- **1 Knoblauchzehe**
- **2 EL Olivenöl**
- **Salz**
- **Pfeffer**

Den Backofen auf 190 °C vorheizen. Die Tomaten halbieren und zusammen mit den Pinienkernen auf ein mit Backpapier ausgelegtes Backblech legen. 45 Minuten bei 180–190 °C backen. Abkühlen lassen und zusammen mit dem Knoblauch mit dem Mixstab kleinmixen. Das Öl hinzugeben und mit Salz und Pfeffer abschmecken.

4 Portionen / Nährwertangaben für 1 Portion:
176 kcal | 5 g Eiweiß | 6 g Kohlenhydrate | 15 g Fett

Erbsen-Dip

- 200 g Zuckererbsen
- 120 g Quark Halbfettstufe
- 1 EL Olivenöl
- Salz
- Pfeffer

Alle Zutaten kleinmixen und zusammen mit Gemüse servieren.

2 Portionen / Nährwertangaben für 1 Portion:
153 kcal | 9 g Eiweiß | 9 g Kohlenhydrate | 9 g Fett

Dip mit Curry

- 300 g Joghurt
- 1 TL Dijon-Senf
- 1 TL Curry
- 1 Handvoll frisch gehackter Schnittlauch
- Salz
- Pfeffer

Alle Zutaten vermischen und zusammen mit Gemüse oder Gemüsechips servieren.

4 Portionen / Nährwertangaben für 1 Portion:
50 kcal | 3 g Eiweiß | 4 g Kohlenhydrate | 3 g Fett

Mais-Dip

- 300 g vorgekochter Mais
- 200 g Frischkäse
- 150 g Joghurt
- 1 TL gemahlene Paprika
- 1 TL Cayenne-Pfeffer
- Saft von einer Limette
- Salz
- Pfeffer

Ca. 100 g Mais beiseitestellen. 200 g Mais und die restlichen Zutaten in den Mixer geben und glattmixen. Den restlichen Mais hinzugeben und umrühren.

6 Portionen / Nährwertangaben für 1 Portion:
144 kcal | 5 g Eiweiß | 7 g Kohlenhydrate | 11 g Fett

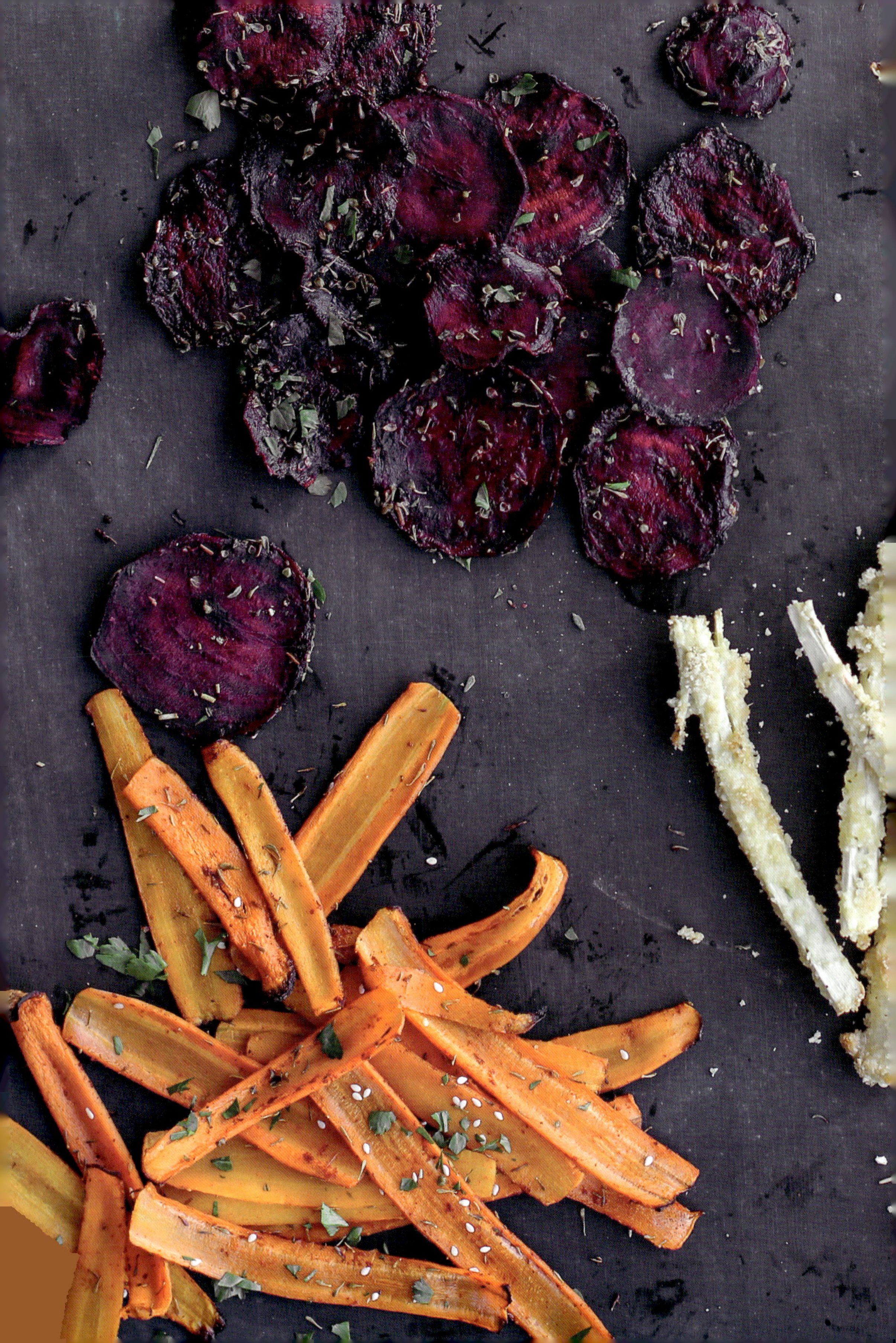

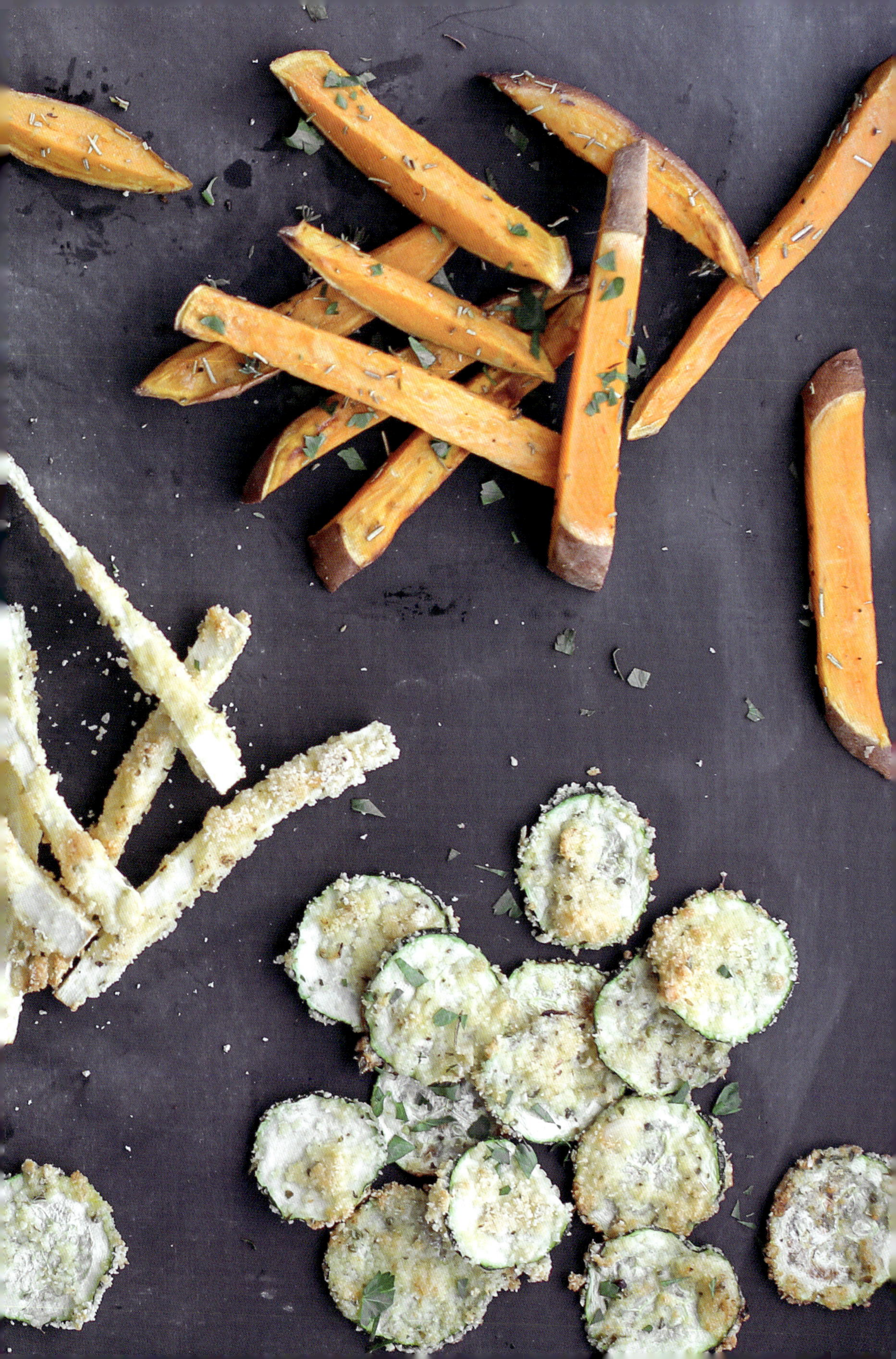

Rote-Bete-Chips

— **500 g rohe Rote Bete**
— **3 EL Olivenöl**
— **1 TL Salz**
— **2 TL Kräuter der Provence**

Die Rote Bete schälen, in dünne Scheiben schneiden und in eine Schüssel geben. Olivenöl, Salz und Kräuter der Provence hinzugeben. Alles gründlich verrühren. Scheiben auf ein mit Backpapier ausgelegtes Backblech legen. 20 Minuten bei 150–160 °C backen. Die Chips nach 20 Minuten wenden und weitere 15-20 Minuten backen.

4 Portionen / Nährwertangaben für 1 Portion:
148 kcal | 2 g Eiweiß | 12 g Kohlenhydrate | 10 g Fett

Karotten-Chips

— **500 g Karotten**
— **2 EL Olivenöl**
— **½ TL geräucherte Paprika**
— **½ TL Chili**
— **1 TL Salz**
— **1 TL Pfeffer**
— **½ TL Thymian**

Den Backofen auf 160 °C vorheizen. Die Karotten putzen und kleinschneiden. Das Olivenöl mit der geräucherten Paprika, Chili, Salz, Pfeffer und Thymian in einer Schüssel vermischen. Die kleingeschnittenen Karotten hinzugeben und mit der Mischung verrühren. Die Karotten auf ein mit Backpapier ausgelegtes Backblech legen. In den Backofen geben und 30-35 Minuten bei 150–160 °C backen.

4 Portionen / Nährwertangaben für 1 Portion:
105 kcal | 1 g Eiweiß | 9 g Kohlenhydrate | 7 g Fett

Wurzelpetersilie-Chips mit Mandeln

- 500 g Wurzelpetersilie
- 2 Eier
- 100 g gemahlene Mandeln
- 2 TL getrockneter Knoblauch
- 2 TL Oregano
- 100 g Parmesan
- 1 TL Pfeffer
- 1 TL Salz

Den Ofen auf 180 °C vorheizen. Die Wurzelpetersilie reinigen und in dünne Stifte schneiden. Beide Eier in einer Schüssel verquirlen und in einer anderen Schüssel Mandeln, getrockneten Knoblauch, Parmesan, Salz und Pfeffer vermischen. Die Wurzelpetersilie-Chips schrittweise panieren, erst in den Eiern und dann in der Mandelmischung. Anschließend auf einem mit Backpapier ausgelegten Backblech verteilen und ca. 20-25 Minuten bei 170–180 °C backen.

4 Portionen / Nährwertangaben für 1 Portion:
358 kcal | 21 g Eiweiß | 14 g Kohlenhydrate | 24 g Fett

Zucchini-Chips mit Parmesan

- 500 g Zucchini
- 2 EL Olivenöl
- 1 Ei
- 2 Knoblauchzehen
- 100 g geriebener Parmesan
- 1 TL Pfeffer
- 1 TL Salz

Den Backofen auf 160 °C vorheizen. Die Zucchini in kleine Stücke oder Scheiben schneiden. Das Olivenöl, die Eier, den gepressten Knoblauch, Salz und Pfeffer in einer Schüssel vermischen. Den Parmesan in eine zweite Schüssel schütten. Die einzelnen Chips zuerst in der Mischung in der ersten Schüssel und dann im Parmesan wälzen. Die Chips auf ein mit Backpapier ausgelegtes Backblech legen. 15–20 Minuten bei 150–160 °C backen.

4 Portionen / Nährwertangaben für 1 Portion:
204 kcal | 12 g Eiweiß | 4 g Kohlenhydrate | 16 g Fett

Süßkartoffel-Chips

- 500 g Süßkartoffeln
- 2 EL Olivenöl
- TL Rosmarin
- TL Salz
- TL schwarzer Pfeffer

Den Backofen auf 160 °C vorheizen. Die Süßkartoffeln reinigen und in kleine Stücke oder dünne Scheiben schneiden und in eine Schüssel geben. Die Süßkartoffel-Chips in einer Schüssel mit Olivenöl, Rosmarin, Salz und Pfeffer vermischen. Auf einem mit Backpapier ausgelegten Backblech verteilen. 20-25 Minuten bei 150–160 °C backen.

4 Portionen / Nährwertangaben für 1 Portion:
171 kcal | 2 g Eiweiß | 25 g Kohlenhydrate | 7 g Fett

Süße Leckerbissen

Manche Menschen geben offen zu, dass Sie süchtig nach Süßem sind. Sie können im Laufe eines Tages verschiedene Törtchen zu gesüßtem Kaffee verschlingen, Kekse zum Vesper und hin und wieder ein Dessert nach dem Mittagessen. Das Leben könnt Ihr Euch aber auch anders versüßen.

Zucker, weißes Mehl, übersüßer Guss… genau das findet Ihr in dieser Kategorie nicht.

Genau wie im vorhergehenden Kapitel möchten wir Euch anhand einiger weniger Rezepte zeigen, dass auch Naschen gesund sein kann. Es genügt, den Zucker zu reduzieren oder komplett zu ersetzen, anstatt weißem Mehl Alternativen zu nutzen und zu lernen, mit der natürlichen Süße von Obst zu arbeiten.

Auf den nachfolgenden Seiten findet Ihr gesündere Varianten zu beliebten Süßspeisen – Muffins, Käsekuchen oder Honigkuchen. Beim Zusammenstellen des Kochbuchs haben wir auch an die Kleinsten gedacht. Gleich zu Beginn findet Ihr deshalb das bewährte Rezept für hausgemachte Vollkornbiskuits.

Das Backen von Süßigkeiten aus Gemüse ist ein Kapitel für sich. Kennt Ihr Zucchini-Lebkuchen oder Brownies aus Roter Bete? Oder was würdet Ihr zu Karottenmuffins mit Joghurtguss sagen? Genießt dieses Kapitel voller überraschender Rezepte und Kombinationen, die eines gemeinsam haben – sie schmecken absolut großartig!

Vollkornbiskuits

Vorbereitungszeit: 15 Minuten
Koch-/Backzeit: 12 Minuten

Schwierigkeit: mittelschwer
Portionen: 60 Stück

- **140 g fein gemahlenes Vollkorn-Dinkelmehl**
- **5 g Stevia-Pulver**
- **1 Päckchen phosphatfreies Backpulver**
- **2 Eigelbe**
- **20 g Kokoszucker**
- **3 Eiweiße**
- **1 Prise Salz**

Den Backofen auf 170 °C vorheizen. Das Mehl in eine Schüssel sieben und mit Stevia und Backpulver vermischen. In einer zweiten Schüssel Eigelbe mit Kokoszucker verquirlen. Aus den Eiweißen und einer Prise Salz einen festen Eischnee schlagen. Den Inhalt beider Schüsseln vermengen und vorsichtig auch den Eischnee unterheben. Ein Backblech mit Backpapier auslegen. Mit einem kleinen Löffel direkt auf dem Backblech Biskuits formen. Biskuits für 10-12 Minuten bei 160–170 °C zum Backen in den Backofen geben.

TIPP Nehmt die Vollkornbiskuits für die gesündere Tiramisu-Variante auf Seite 146.

Nährwertangaben für 1 Stück:
14 kcal | 1 g Eiweiß | 2 g Kohlenhydrate | 0 g Fett

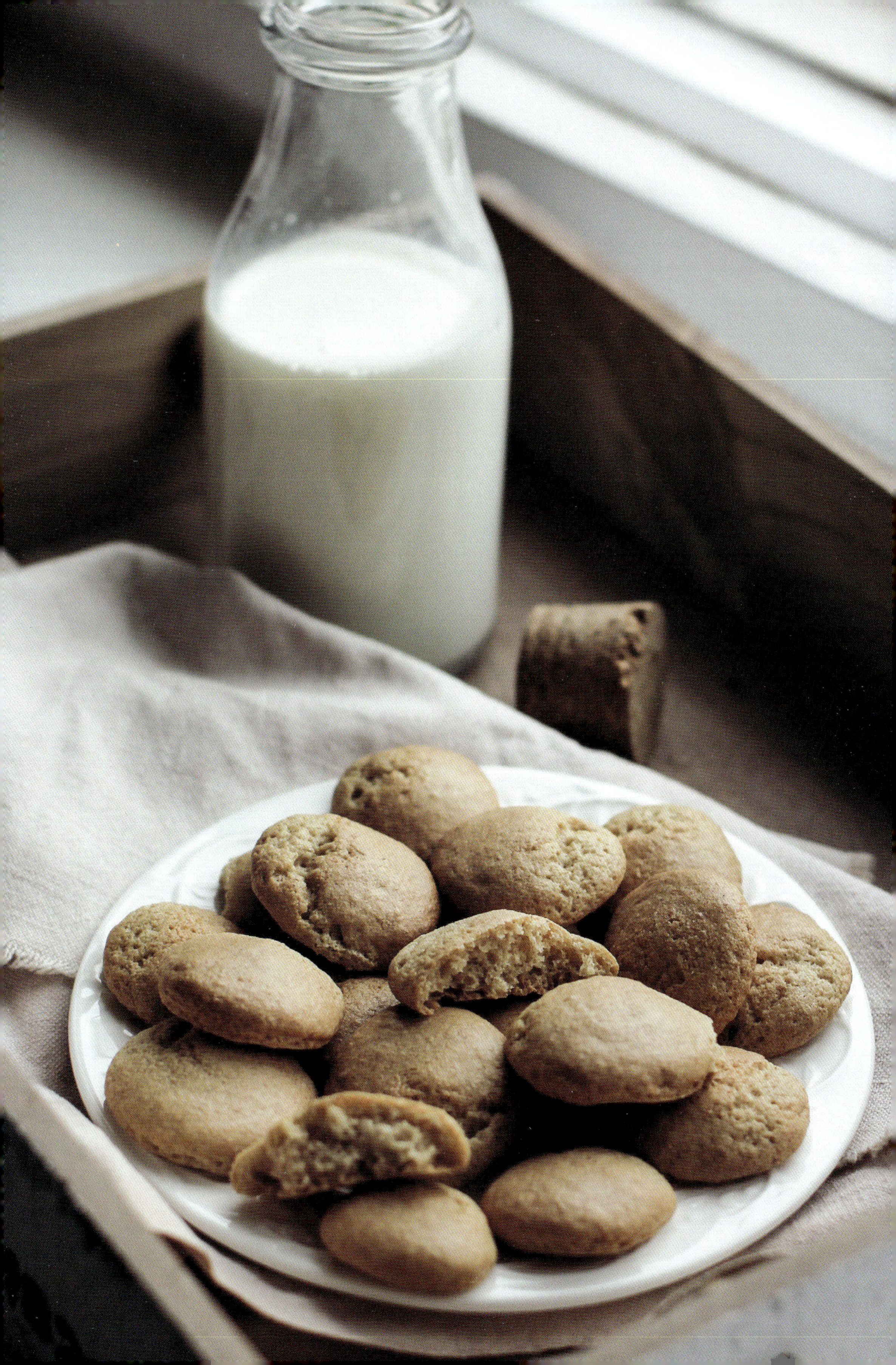

Tiramisu

Vorbereitungszeit: 10 Minuten
Koch-/Backzeit: 0 Minuten

Schwierigkeit: einfach
Portionen: 1

- **12 Vollkornbiskuits***
- **1 starker Espresso**
- **150 g Quark Halbfettstufe**
- **50 ml fettarme Milch**
- **30 g Molkenprotein mit Vanille (kann weggelassen werden)**
- **Stevia**
- **2 EL holländischer Kakao**

Ein Glas bereitstellen, am Boden 4 Biskuits zerbröseln und mit einem Drittel des Kaffees begießen. Den Quark mit der Milch, dem Protein und Stevia oder einem anderen Süßungsmittel vermischen. Ein Drittel der hergestellten Mischung in das Glas geben und darauf weitere 4 Biskuits.

Das Vorgehen mit dem zweiten Drittel der Mischung wiederholen. Zuletzt das dritte Drittel der Mischung zugeben und mit Kakao bestreuen. Das Glas für 20 Minuten in den Kühlschrank stellen und anschließend servieren.

TIPP Zum Tiramisu könnt Ihr auch saisonales Obst servieren.

* Das Rezept für hausgemachte Vollkornbiskuits findet Ihr auf Seite 144.

Nährwertangaben für 1 Portion:
493 kcal | 51 g Eiweiß | 43 g Kohlenhydrate | 13 g Fett

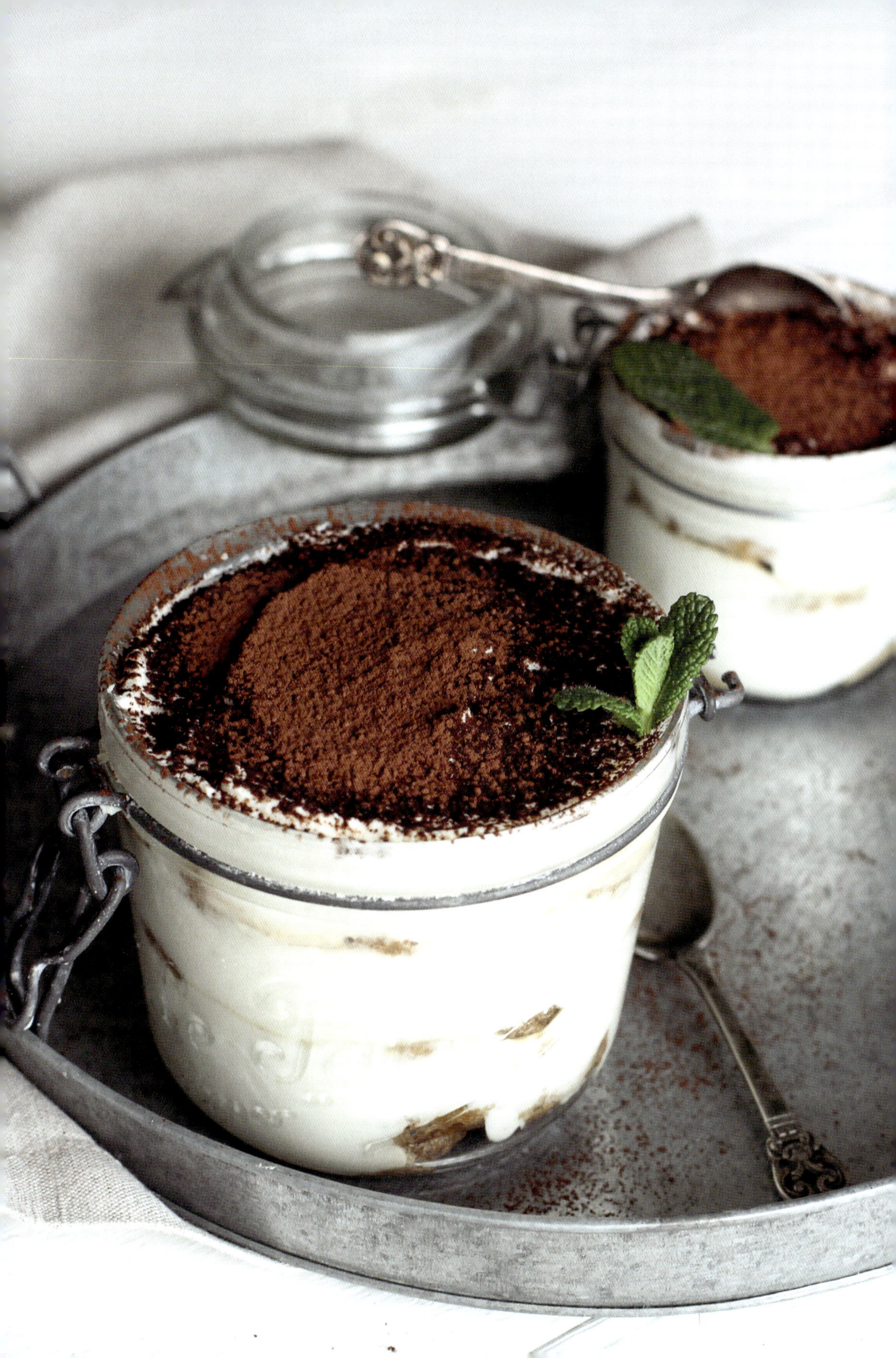

Bananenmuffins

Vorbereitungszeit: 5 Minuten
Koch-/Backzeit: 25 Minuten

Schwierigkeit: einfach
Portionen: 12

- **2 Eier**
- **2 EL Honig**
- **100 ml Milch**
- **2 reife zerdrückte Bananen**
- **260 g fein gemahlenes Vollkorn-Dinkelmehl**
- **75 g Haferflocken**
- **1 TL Zimt**
- **2 TL phosphatfreies Backpulver**

Den Ofen auf 180 °C vorheizen. Die Eier mit dem Honig in einer großen Schüssel verquirlen und unter stetiger Zugabe von Milch die zerdrückten Bananen zugeben.

In einer zweiten Schüssel die restlichen trockenen Zutaten vermischen. In die Schüssel mit den feuchten Zutaten geben wir nach und nach die trockenen Zutaten hinzu, bis ein Teig entsteht. Den Teig gleichmäßig auf 12 Muffinförmchen verteilen. Für 20-25 Minuten bei 170–180 °C backen.

TIPP Ihr könnt 150 g getrocknete Preiselbeeren oder anderes getrocknetes Obst in den Teig mischen.

Nährwertangaben für 1 Portion:
159 kcal | 6 g Eiweiß | 30 g Kohlenhydrate | 2 g Fett

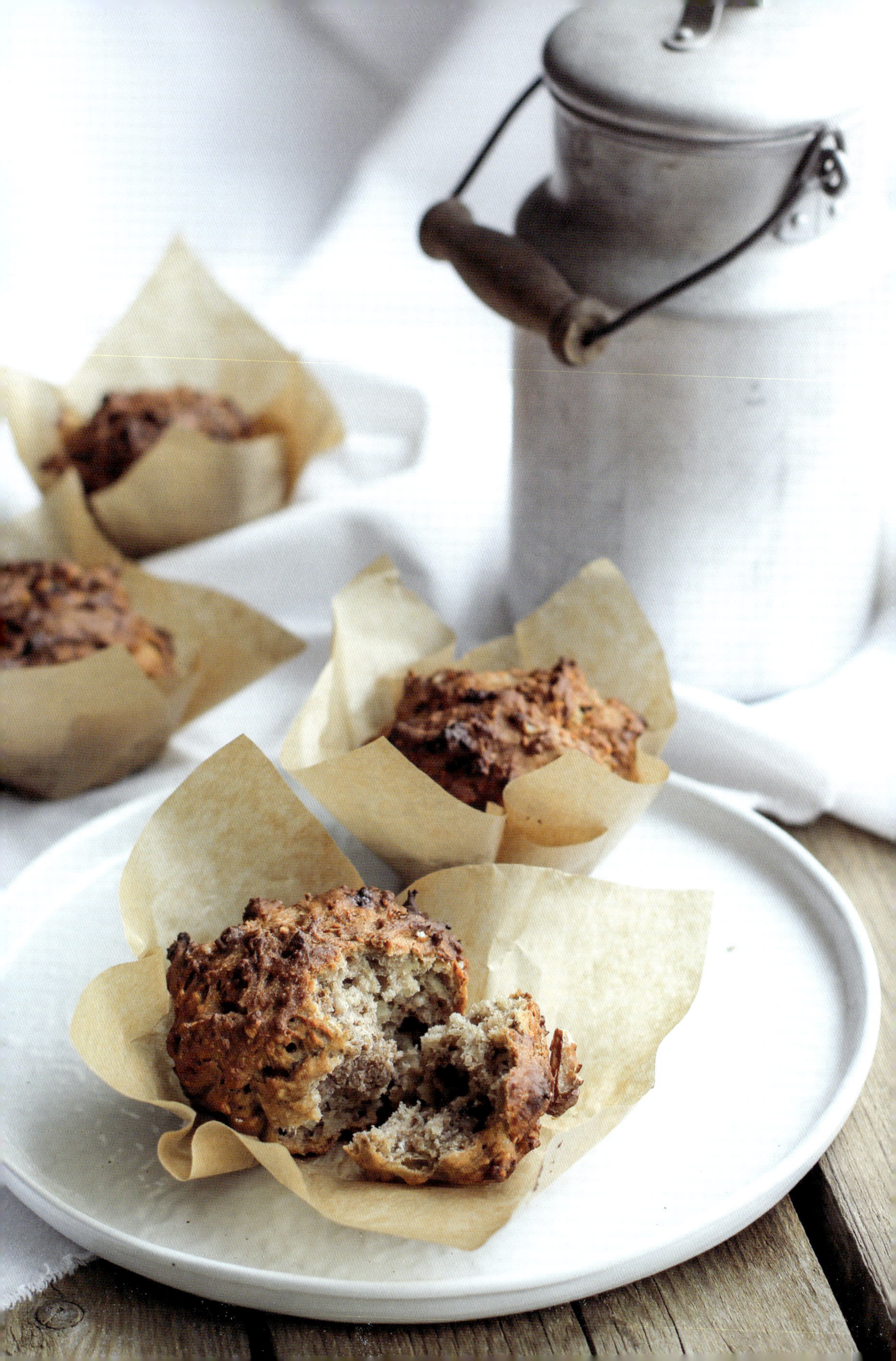

Roulade mit Waldbeeren

Vorbereitungszeit: 10 Minuten
Koch-/Backzeit: 10 Minuten

Schwierigkeit: einfach
Portionen: 12

FÜR DEN TEIG
— 6 Eiweiße
— 3 EL holländischer Kakao
— 1 TL phosphatfreies Backpulver
— 1 Prise Salz

FÜR DIE FÜLLUNG
— 500 g Quark Halbfettstufe
— 100 g Waldbeeren
— einige Tropfen Stevia

Die Eiweiße mit einer Prise Salz zu einem steifen Schnee schlagen. Zu den Eiweißen vorsichtig den Kakao mit dem Backpulver zugeben, bis sich die Mischung verbindet. Die Eiweißmischung auf ein mit Backpapier ausgelegtes Backblech auftragen. Für 10 Minuten bei 170–180 °C in den vorgeheizten Backofen geben, bis der Teig durchgebacken ist.

Durch Vermischen von Quark, Waldbeeren und Stevia bereiten wir die Füllung zu (wir können stattdessen auch kleinmixen). Den fertigen Teig mit der Quarkmischung bestreichen und aufrollen. Für 30 Minuten im Kühlschrank abkühlen lassen. Die abgekühlte Roulade in Scheiben schneiden.

TIPP Ihr könnt als Füllung auch dünn geschnittene Bananenscheiben mit Quark verwenden.

Nährwertangaben für 1 Portion:
58 kcal | 7 g Eiweiß | 3 g Kohlenhydrate | 2 g Fett

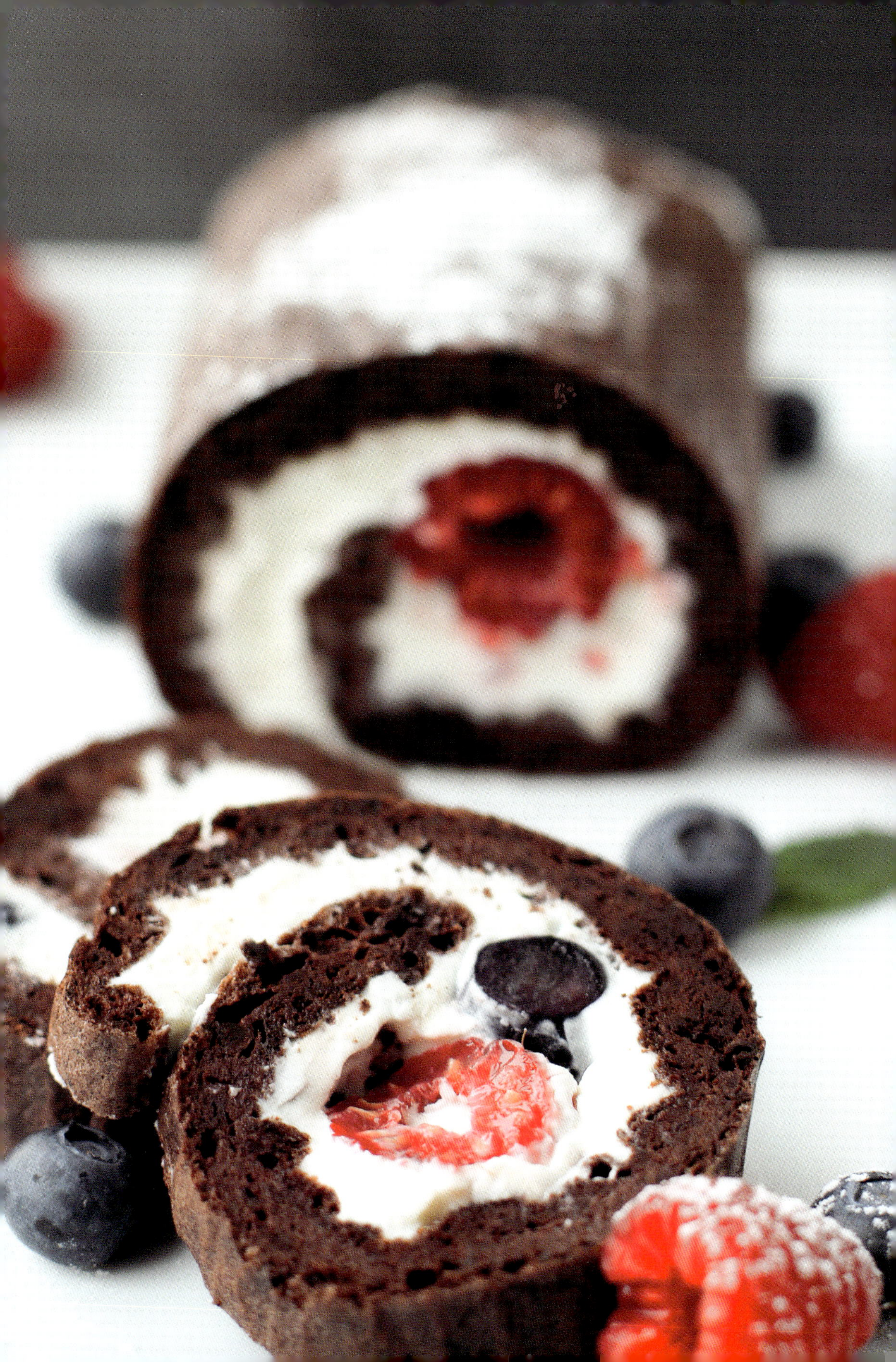

Red-Velvet-Brownies

Vorbereitungszeit: 15 Minuten
Koch-/Backzeit: 25 Minuten

Schwierigkeit: mittelschwer
Portionen: 15

- **500 g kleingemixte gekochte Rote Bete**
- **300 g kleingemixte Haferflocken**
- **150 ml pflanzliche Milch**
- **60 g Kokosöl (geschmolzen)**
- **50 g Honig**
- **10 g holländischer Kakao**
- **4 TL phosphatfreies Backpulver**
- **1 Prise Salz**

Alle Zutaten vermischen und in eine mit Backpapier ausgelegte 20 × 20 cm Form gießen. Für 25 Minuten bei 170–180 °C backen. Der Teig sollte von außen knusprig und innen noch ein wenig roh sein.

TIPP Ihr könnt die Brownies mit einem Guss aus 100 g Zartbitterschokolade und 80 g Erdnussbutter übergießen.

Nährwertangaben für 1 Portion:
147 kcal | 4 g Eiweiß | 20 g Kohlenhydrate | 6 g Fett

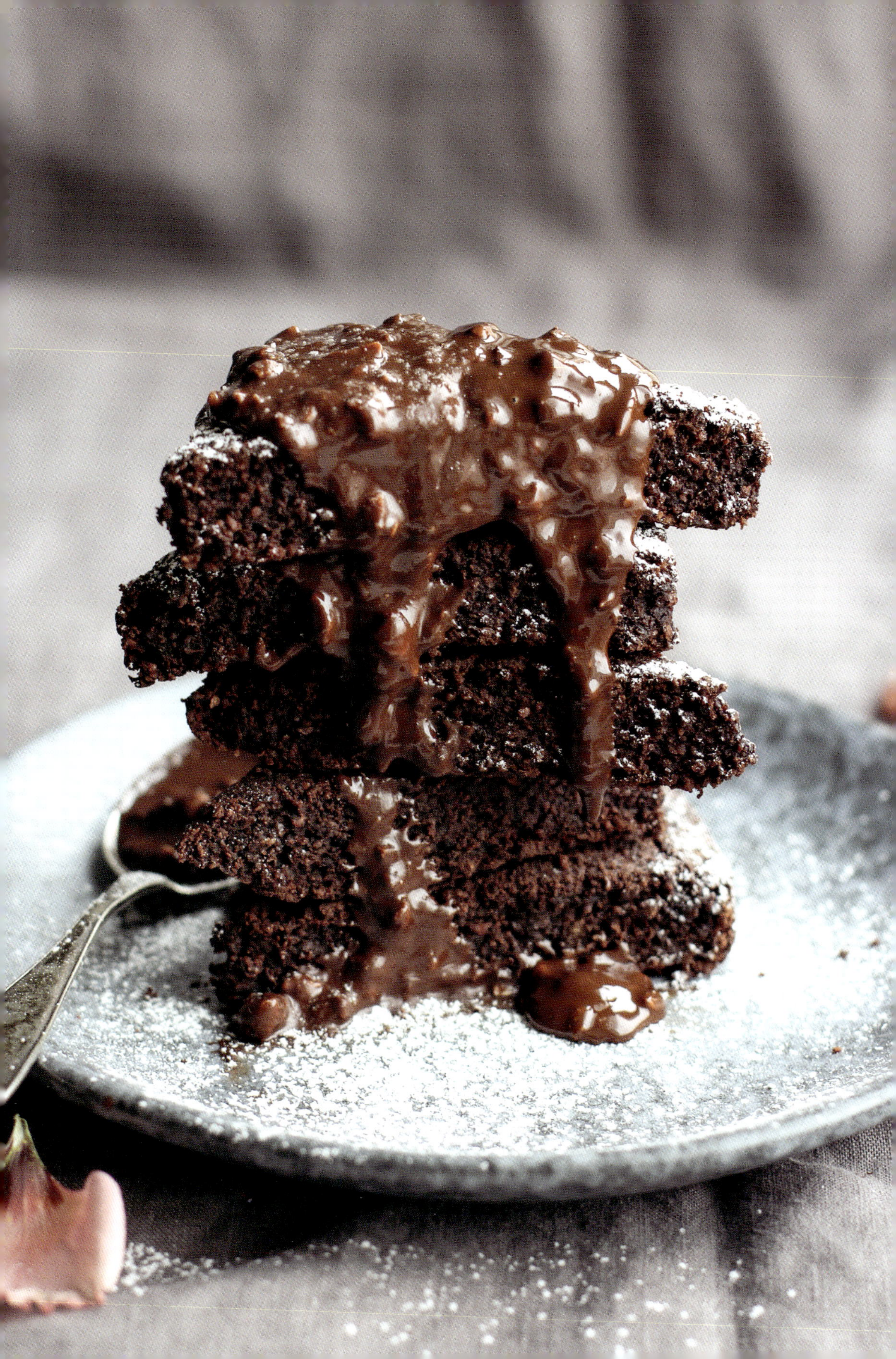

Mohnkuchen mit Äpfeln

Vorbereitungszeit: 15 Minuten
Koch-/Backzeit: 60 Minuten

Schwierigkeit: einfach
Portionen: 16

- 4 Eier
- 200 g gemahlener Mohn
- 200 g Quark Halbfettstufe
- 300 g geriebene Äpfel
- 2 EL Honig
- 2 TL phosphatfreies Backpulver
- 1 TL Vanilleextrakt
- 1 Prise Salz

Den Backofen auf 170 °C vorheizen. Bei allen vier Eiern das Eigelb vom Eiweiß trennen. Das Eigelb in einer Schüssel zur Seite stellen und Mohn, Quark, Äpfel, Honig, Backpulver, Vanilleextrakt und eine Prise Salz zumischen.

Aus den Eiweißen schlagen wir einen steifen Schnee und verrühren ihn vorsichtig mit dem Teig. Den Teig in eine mit Backpapier ausgelegte Form (Ø 20 cm) gießen. Die Form in den Backofen geben und ca. 60 Minuten bei 160–170 °C backen. In 16 gleich große Stücke schneiden und servieren.

TIPP Ihr könnt den Kuchen mit Quark servieren, den Ihr mit Honig süßt.

Nährwertangaben für 1 Portion:
120 kcal | 5 g Eiweiß | 9 g Kohlenhydrate | 7 g Fett

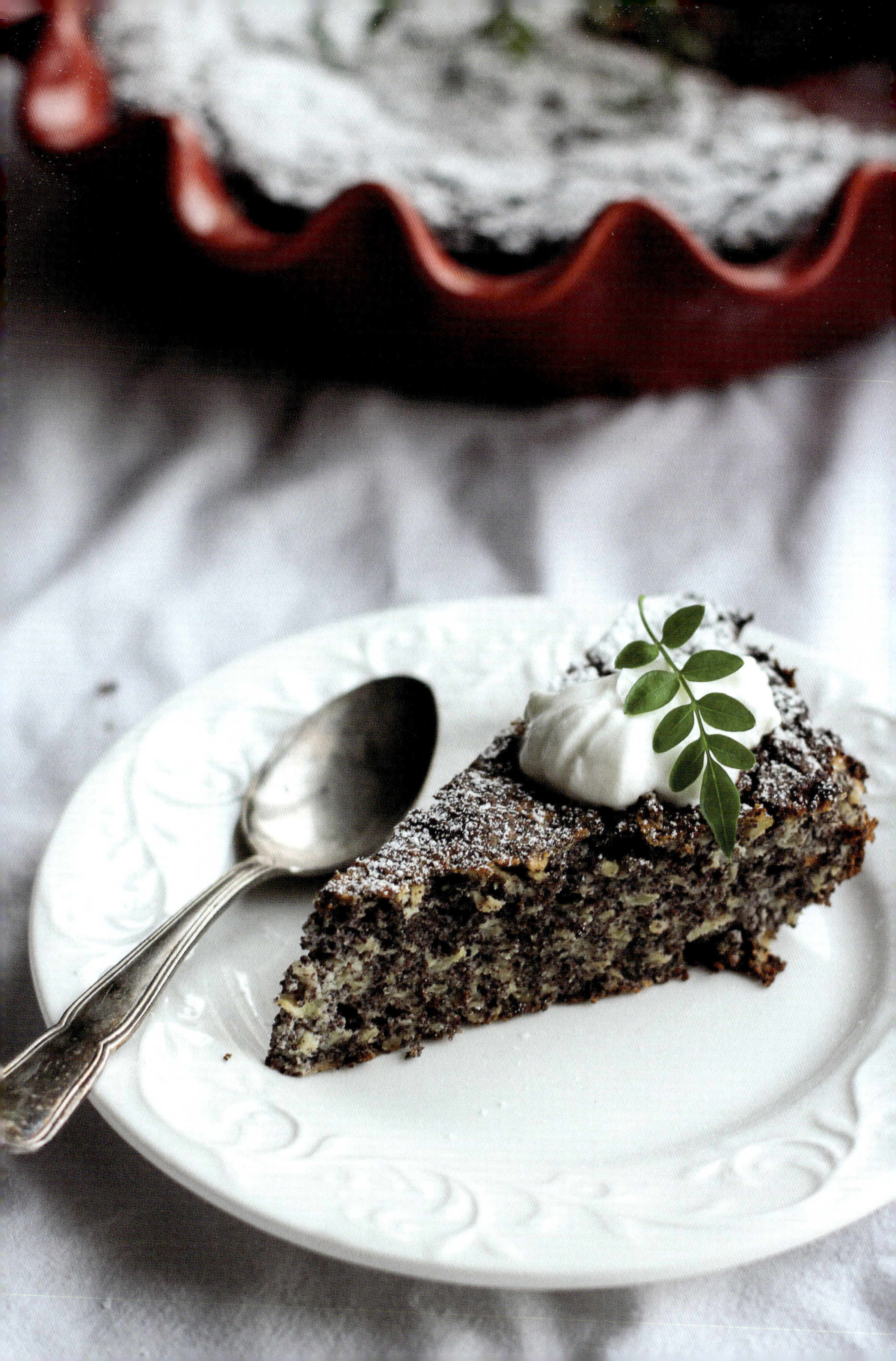

Haselnusscreme

Vorbereitungszeit: 15 Minuten
Koch-/Backzeit: 10 Minuten

Schwierigkeit: mittelschwer
Portionen: 1 Stück

- **240 g Haselnüsse**
- **50 g holländischer Kakao**
- **60 g Honig**
- **20 g Kokosöl**
- **120 ml Mandelmilch**
- **1 Prise Salz**

Den Backofen auf 200 °C vorheizen. Die Nüsse auf ein mit Backpapier ausgelegtes Backblech geben und ca. 10 Minuten bei 190–200 °C backen. Die Nüsse aus dem Ofen nehmen und schälen (die Nuss am besten in ein Tuch legen und die Schale durch Reiben abtrennen). Die Nüsse in den Mixer geben und kleinmixen, bis sie eine Paste bilden. Den Kakao sowie Honig, Salz und Öl dazugeben und erneut mixen. Zum Schluss allmählich die Milch zugeben und glattmixen. Die Haselnusscreme in einem verschließbaren Glasgefäß aufbewahren. Sie ist bei Aufbewahrung im Kühlschrank ca. 3 Wochen haltbar.

TIPP Die Creme könnt Ihr als Füllung für Pfannkuchen oder zu frischem Obst verwenden.

Nährwertangaben für 1 Stück:
2209 kcal | 49 g Eiweiß | 96 g Kohlenhydrate | 181 g Fett

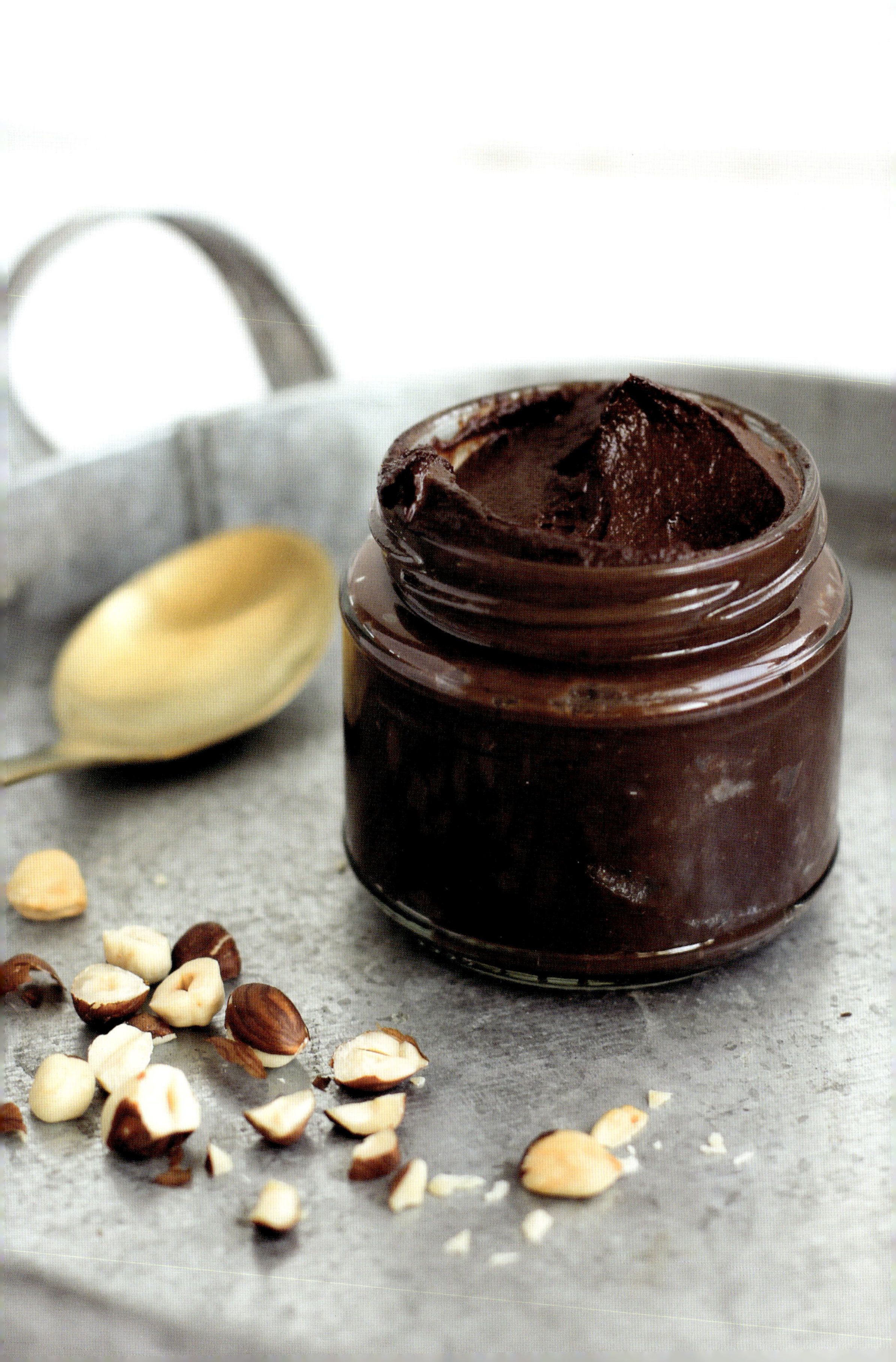

Avocado-Schaum

Vorbereitungszeit: 5 Minuten
Koch-/Backzeit: 0 Minuten

Schwierigkeit: einfach
Portionen: 2

- 2 Avocados
- 1 EL Reissirup
- 1 EL holländischer Kakao
- 1 TL Zimt
- 1 Banane

ZUM GARNIEREN
- 15 g gehackte ungesalzene Pistazien
- 1 TL gehackte Kakaobohnen*

Die Avocados schälen und entkernen und zusammen mit der Banane sowie Reissirup, Kakao und Zimt in den Mixer geben.

Alles glattmixen und mit Pistazien und Kakaobohnen bestreuen.

TIPP Ihr könnt den holländischen Kakao zum Beispiel durch Carob ersetzen.

* Kakaobohnen sind die getrockneten Samen des Kakaobaums in ihrer reinsten Form. Sie enthalten Mineralien, Antioxidantien und insbesondere eine große Menge an Magnesium. Der Verzehr von Kakaobohnen reduziert auf natürliche Weise den Blutdruck.

Nährwertangaben für 1 Portion:
596 kcal | 7 g Eiweiß | 22 g Kohlenhydrate | 54 g Fett

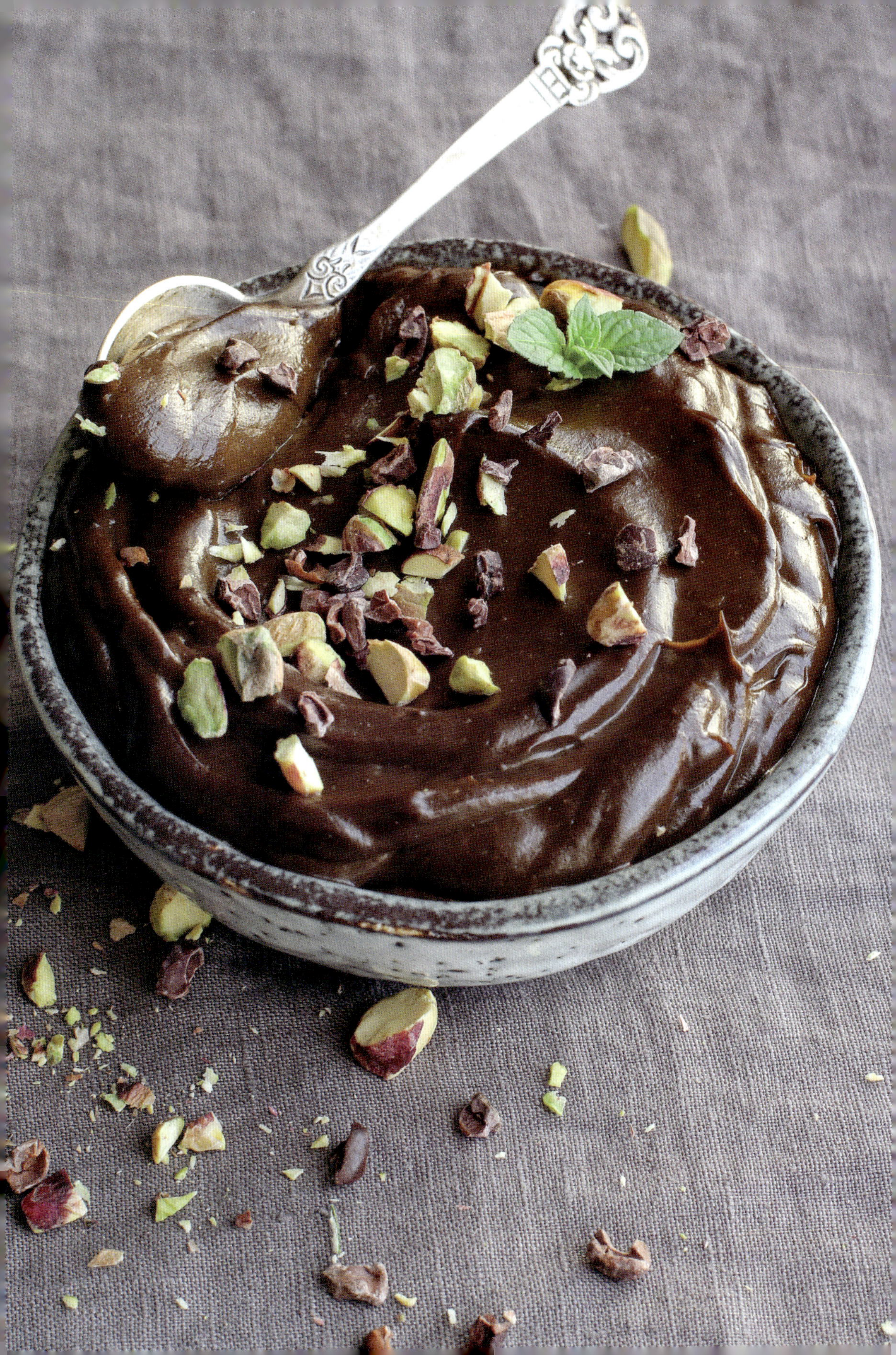

Bananen in Schokolade

Vorbereitungszeit: 15 Minuten
Koch-/Backzeit: 5 Minuten

Schwierigkeit: einfach
Portionen: 12

- 1 große gefrorene Banane
- 100 g geraspelte Kokosnuss
- 60 g Molkenprotein*
- 60 g fein gemahlene Haferflocken
- 70 g Erdnussbutter
- 100 ml Milch
- 100 g Zartbitterschokolade
- 20 g Kokosöl

Die gefrorene Banane kleinmixen, in eine Schüssel geben und Kokos, Protein, Haferflocken, Erdnussbutter und Milch hinzugeben und einen Teig herstellen. Aus dem Teig Rollen formen, die wir auf ein mit Backpapier ausgelegtes Backblech legen.

Die Schokolade schmelzen wir zusammen mit dem Kokosöl im Wasserbad**. Die Rollen mit der erwärmten Schokolade übergießen und die fertigen Bananen vor dem Servieren mindestens 30 Minuten im Kühlschrank abkühlen lassen.

TIPP Anstatt Banane könnt Ihr auch gefrorene Waldbeeren verwenden (ca. 100 g).

*Protein ist ein Pulver, das als Nahrungsergänzungsmittel verwendet wird - es liefert dem Körper eine große Menge an Eiweiß. Es ist in verschiedenen Varianten und Geschmacksrichtungen erhältlich.

**Das Vorgehen für die Vorbereitung des Wasserbads findet Ihr auf Seite 219.

Nährwertangaben für 1 Portion:
202 kcal | 7 g Eiweiß | 12 g Kohlenhydrate | 14 g Fett

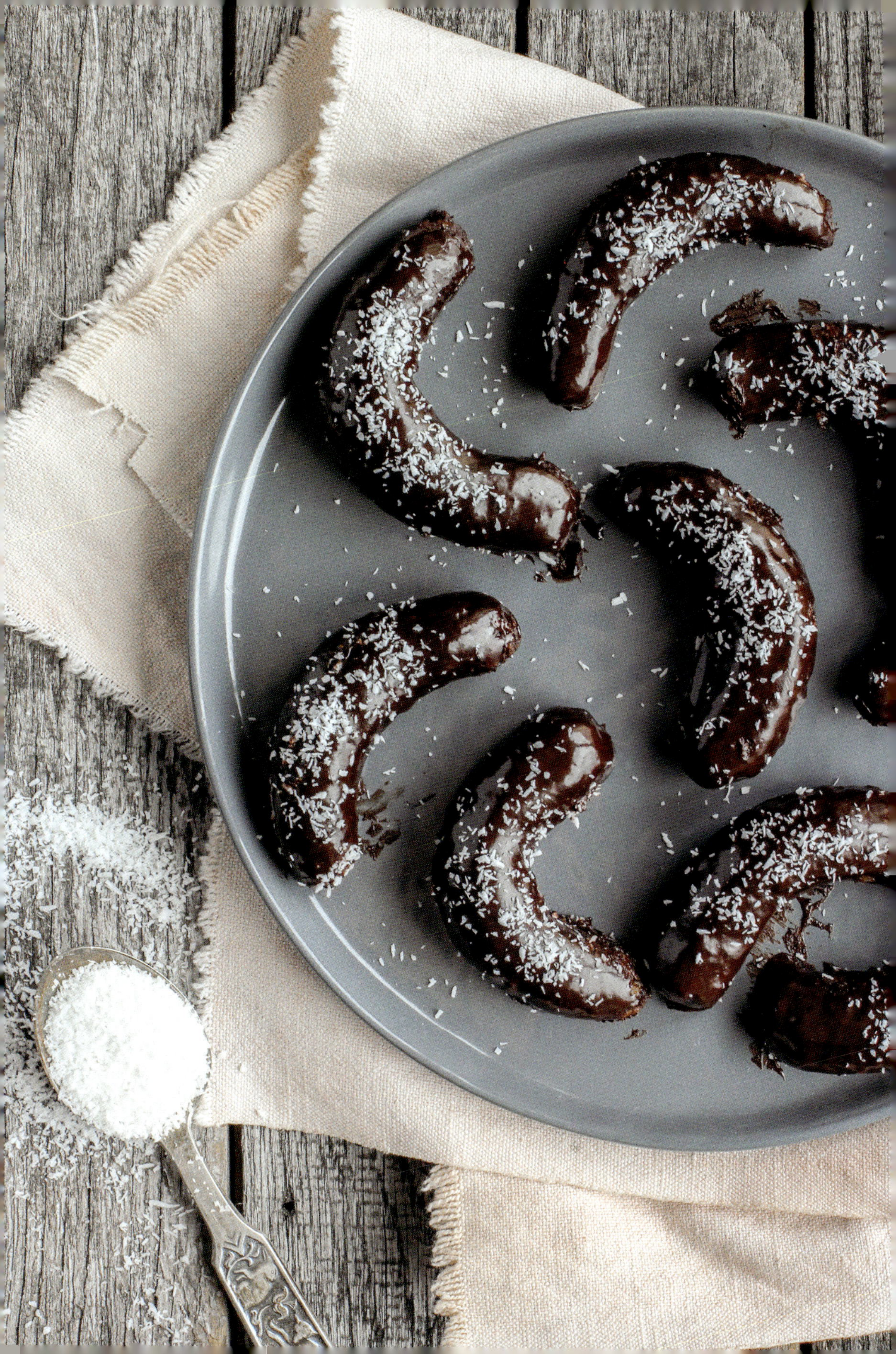

Bananen-Apfel-Körbchen mit Quinoa

Vorbereitungszeit: 10 Minuten
Koch-/Backzeit: 35 Minuten

Schwierigkeit: einfach
Portionen: 12

- 100 g Quinoa
- 1 mittelgroßer Apfel
- 3 Bananen
- 100 g Apfelmus ohne Zuckerzusatz
- 2 EL Honig
- 1 TL Vanilleextrakt
- 300 g Haferflocken
- 100 ml Milch
- 1 Ei
- 1 TL Zimt

Die Quinoa gemäß der Anleitung auf der Packung kochen und den Backofen auf 180 °C vorheizen. Die Äpfel in eine Schüssel reiben, die Bananen mit einer Gabel zerdrücken und Apfelmus, Honig, Vanilleextrakt, Haferflocken, abgegossene Quinoa, Milch, Eier und Zimt zugeben.

Alles gründlich vermischen und einen Teig herstellen, den wir gleichmäßig auf 12 Muffinförmchen verteilen. 25-30 Minuten bei 170–180 °C backen.

TIPP Falls Ihr Reis vom Mittagessen übrig habt, könnt Ihr ihn anstelle von Quinoa für die Körbchen benutzen.

Nährwertangaben für 1 Portion:
191 kcal | 6 g Eiweiß | 35 g Kohlenhydrate | 3 g Fett

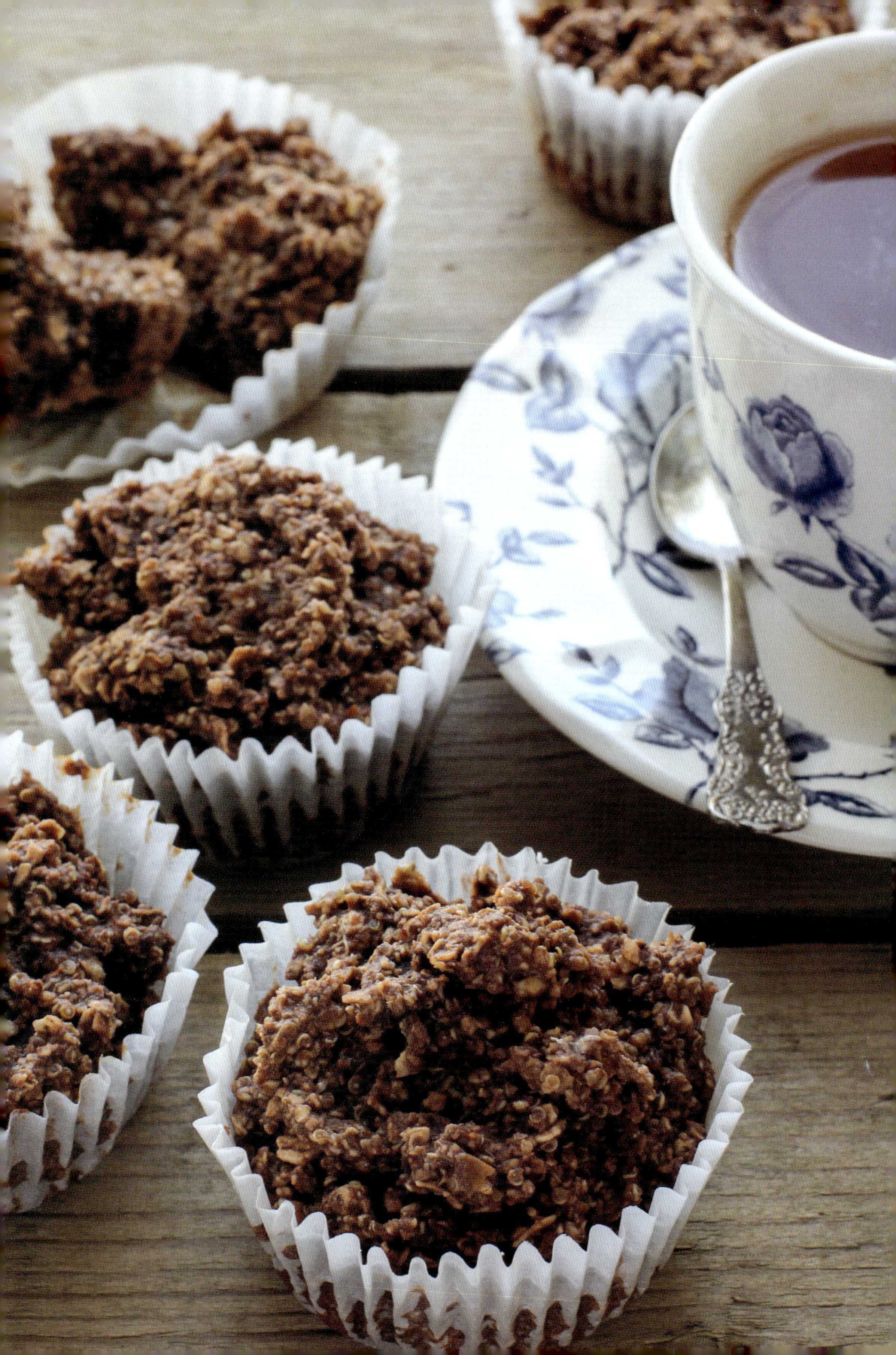

Brownies mit Pekannüssen

Vorbereitungszeit: 15 Minuten
Koch-/Backzeit: 18 Minuten

Schwierigkeit: mittel
Portionen: 16

- **200 g Zartbitterschokolade**
- **2 EL Honig**
- **30 g Kokosöl (geschmolzen)**
- **1 EL holländischer Kakao**
- **100 g fein gemahlenes Buchweizenmehl**
- **100 g Pekannüsse (grob gehackt)**

Den Backofen auf 180 °C vorheizen. Die Schokolade im Wasserbad* schmelzen, in eine Schüssel gießen und Honig und Kokosöl unterrühren. Anschließend den holländischen Kakao und das Buchweizenmehl mit in die Schüssel geben und das Ganze mit einem Kochlöffel zu einem glatten, glänzenden Teig verarbeiten.

Ein Blech (20 cm × 20 cm) zur Hand nehmen, mit Backpapier auslegen und den vorbereiteten Teig hineingießen. Die Oberfläche des Teigs mit Pekannüssen belegen, das Blech in den vorgeheizten Backofen schieben und für 15–18 Minuten bei 170–180 °C backen. Die fertigen Brownies sollten an der Oberfläche durchgebacken und innen saftig sein.

Nachdem wir den gebackenen Teig aus dem Backofen genommen haben, lassen wir ihn komplett abkühlen, schneiden ihn anschließend in 16 Stücke und servieren die fertigen Brownies.

* Die Anleitung für das Wasserbad findet Ihr auf Seite 219.

Nährwertangaben für 1 Portion:
167 kcal | 3 g Eiweiß | 12 g Kohlenhydrate | 12 g Fett

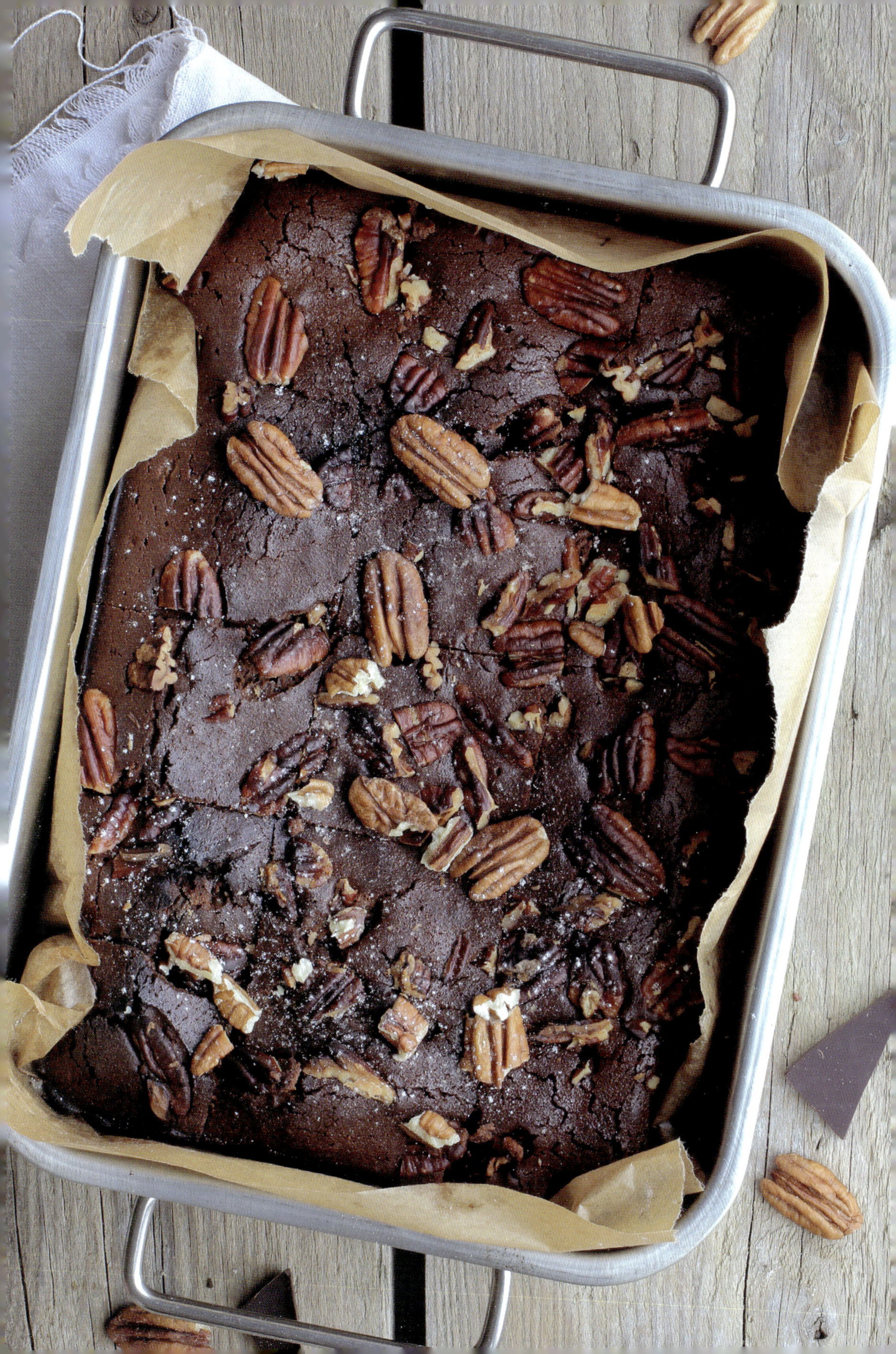

Donuts

Vorbereitungszeit: 15 Minuten
Koch-/Backzeit: 10 Minuten

Schwierigkeit: einfach
Portionen: 6

FÜR DEN TEIG
— 1 Banane
— 120 g fein gemahlene Haferflocken
— 2 EL Dattelsirup
— 20 g Kokosöl (geschmolzen)
— 1 TL Vanilleextrakt
— 1 TL phosphatfreies Backpulver
— 1 Prise Salz

FÜR DEN GUSS
— 100 g Quark
— ½ Banane
— 1 EL Dattelsirup
— 1 TL Acai-Beeren-Pulver*
— 1 Handvoll ungesalzene gehackte Pistazien
— 1 TL Chia-Samen

Den Ofen auf 180 °C vorheizen. Die Banane mit der Gabel in einer Schüssel zerdrücken. Die Haferflocken, sowie Dattelsirup, Kokosöl, Vanilleextrakt, Backpulver und Salz dazugeben. Die Mischung gründlich verrühren und in eine Antihaft-Donutform gießen. In den Backofen schieben und ca. 10 Minuten bei 170–180 °C backen. Inzwischen bereiten wir durch das Kleinmixen von Quark, Banane, Dattelsirup und Acai-Beeren-Pulver den Guss zu.

Die abgekühlten Donuts mit dem Guss verzieren. Die einzelnen Donuts mit gehackten Pistazien und Chia-Samen bestreuen.

TIPP Ihr könnt die Donuts mit Nüssen, getrocknetem Obst oder mit Schokolinsen bestreuen.

*Acai-Beeren sind ein Beerenobst, verwandt mit Heidelbeeren, das dank seines hohen Gehalts an Vitaminen und Antioxidantien zum sogenannten Superfood gezählt wird.

Nährwertangaben für 1 Portion:
192 kcal | 6 g Eiweiß | 26 g Kohlenhydrate | 7 g Fett

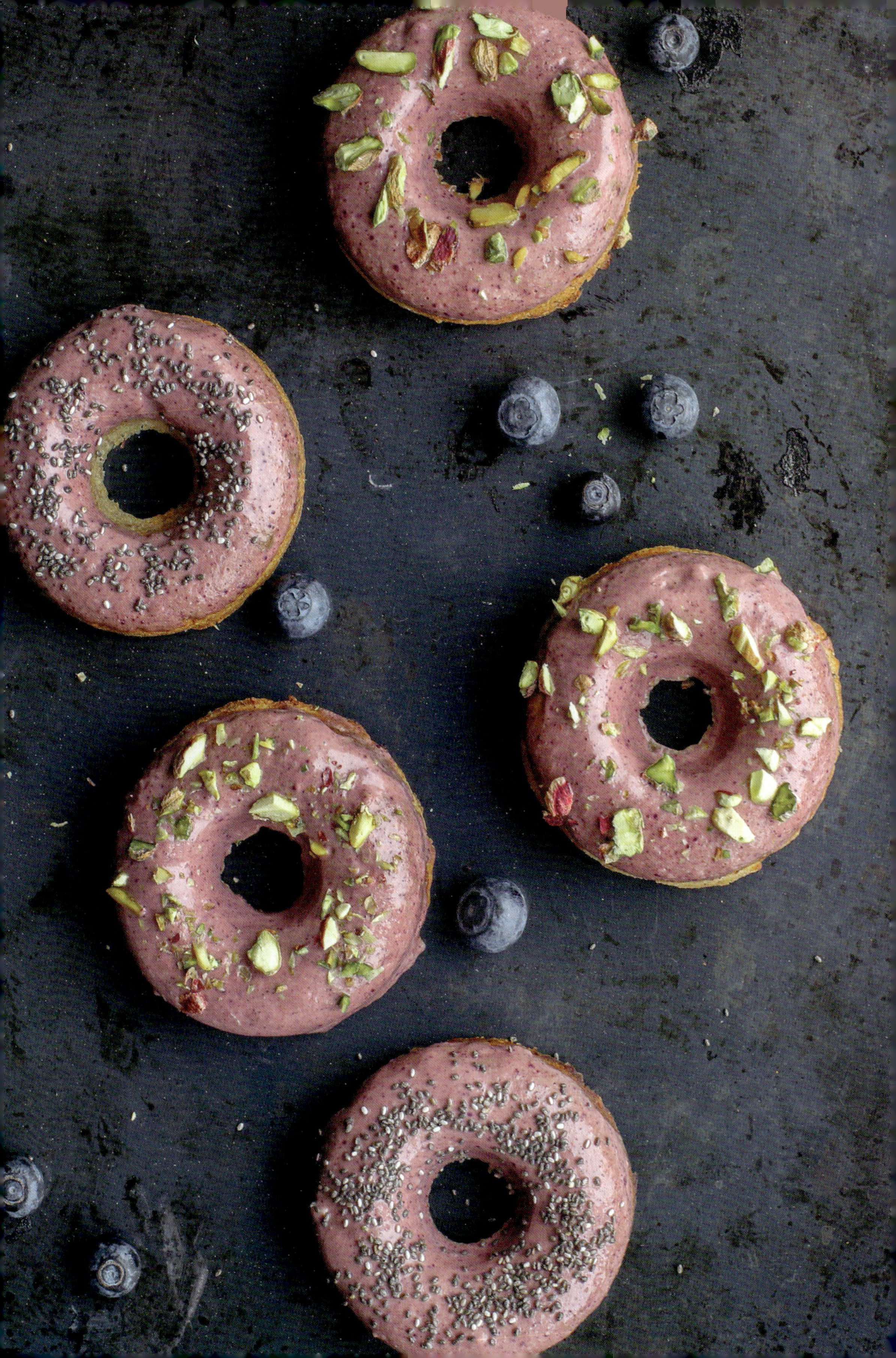

Kakaocreme mit Tofu

Vorbereitungszeit: 10 Minuten
Koch-/Backzeit: 0 Minuten

Schwierigkeit: einfach
Portionen: 4

- **200 g Naturtofu**
- **1 gefrorene Banane**
- **1 TL Honig**
- **100 ml Reismilch**
- **2 TL holländischer Kakao**
- **100 g Quark Halbfettstufe**
- **20 g geriebene Zartbitterschokolade**

Das Tofu mit der Banane sowie Honig, Reismilch und Kakao zu einer glatten Creme kleinmixen.

Die Creme in Gläser füllen, den Quark hinzugeben und mit geriebener Schokolade bestreuen.

Nährwertangaben für 1 Portion:
164 kcal | 11 g Eiweiß | 14 g Kohlenhydrate | 7 g Fett

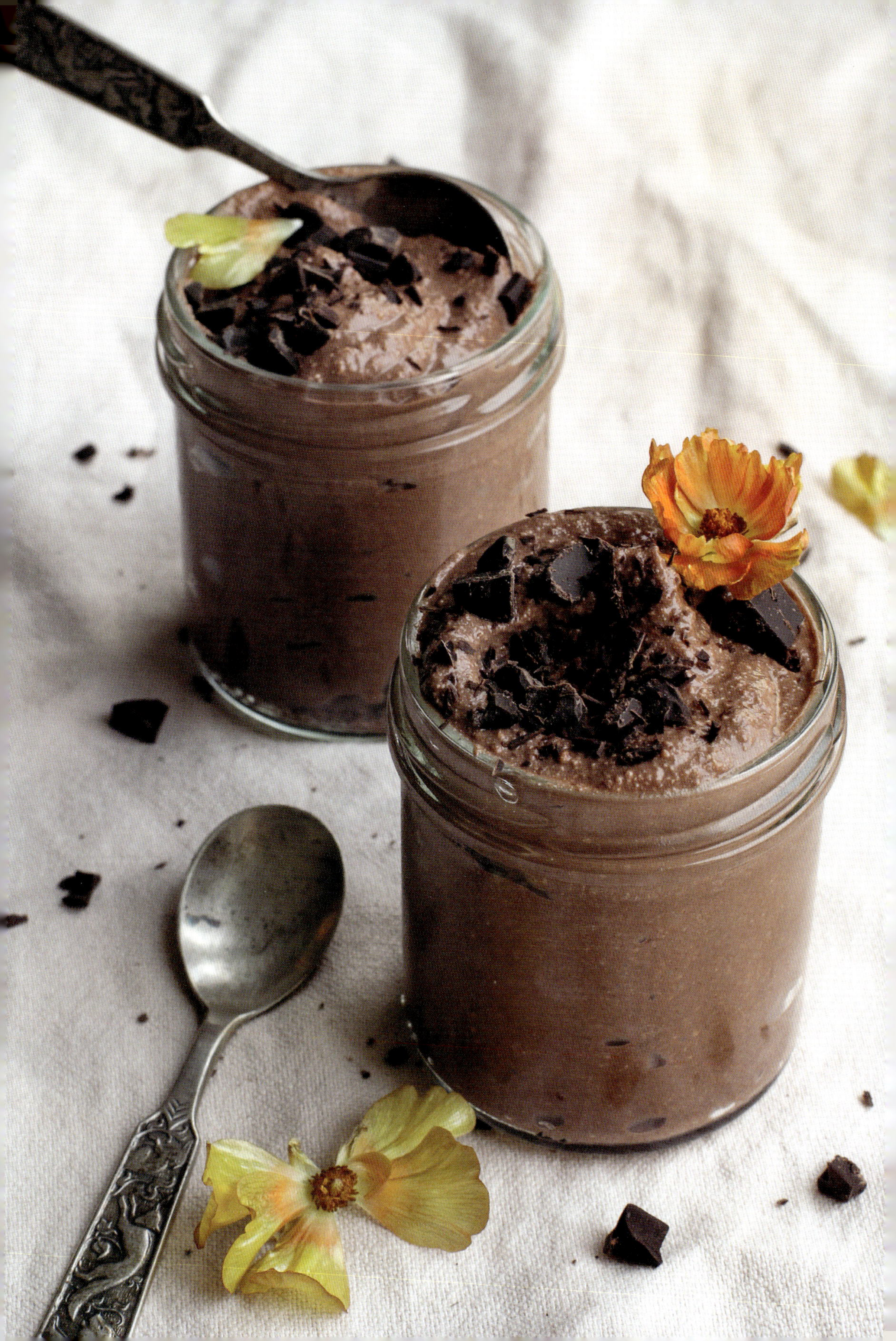

Karottenmuffins mit Joghurtguss

Vorbereitungszeit: 20 Minuten
Koch-/Backzeit: 25 Minuten

Schwierigkeit: mittelschwer
Portionen: 12

FÜR DIE MUFFINS
— 1 Karotte
— 1 Apfel
— 1 Banane
— 3 Eier
— 140 g Kokosöl (geschmolzen)
— 50 g Honig
— 200 g fein gemahlenes Vollkorn-Dinkelmehl
— 200 ml Milch
— 1 Prise Salz
— 2 TL phosphatfreies Backpulver
— 1 TL Natron
— 1 TL Zimt

FÜR DEN GUSS
— 150 g weißer Joghurt
— 1 TL Honig
— 1 EL Chia-Samen
— + 50 g Goji-Beeren zum Verzieren (kann weggelassen werden)

Den Ofen auf 180 °C vorheizen. Die geputzten Karotten, den Apfel und die Banane zusammen mit den Eiern, dem Kokosöl und dem Honig in den Mixer geben. Auf voller Leistung glattmixen und in eine große Schüssel füllen. Das Dinkelmehl in die Schüssel sieben und Milch, Salz, Backpulver, Natron und Zimt zugeben. Alles gründlich verrühren.

Den Teig in 12 Muffinförmchen füllen und in den Ofen geben. 25 Minuten bei 170–180 °C backen. Inzwischen den Joghurt mit dem Honig und den Chia-Samen vermischen. Die Muffins abkühlen lassen. Die Muffins mit Joghurtguss übergießen und mit Goji-Beeren bestreuen.

TIPP Ihr könnt vor dem Backen 100 g getrocknete Preiselbeeren in den Muffinteig geben.

Nährwertangaben für 1 Portion:
253 kcal | 6 g Eiweiß | 23 g Kohlenhydrate | 15 g Fett

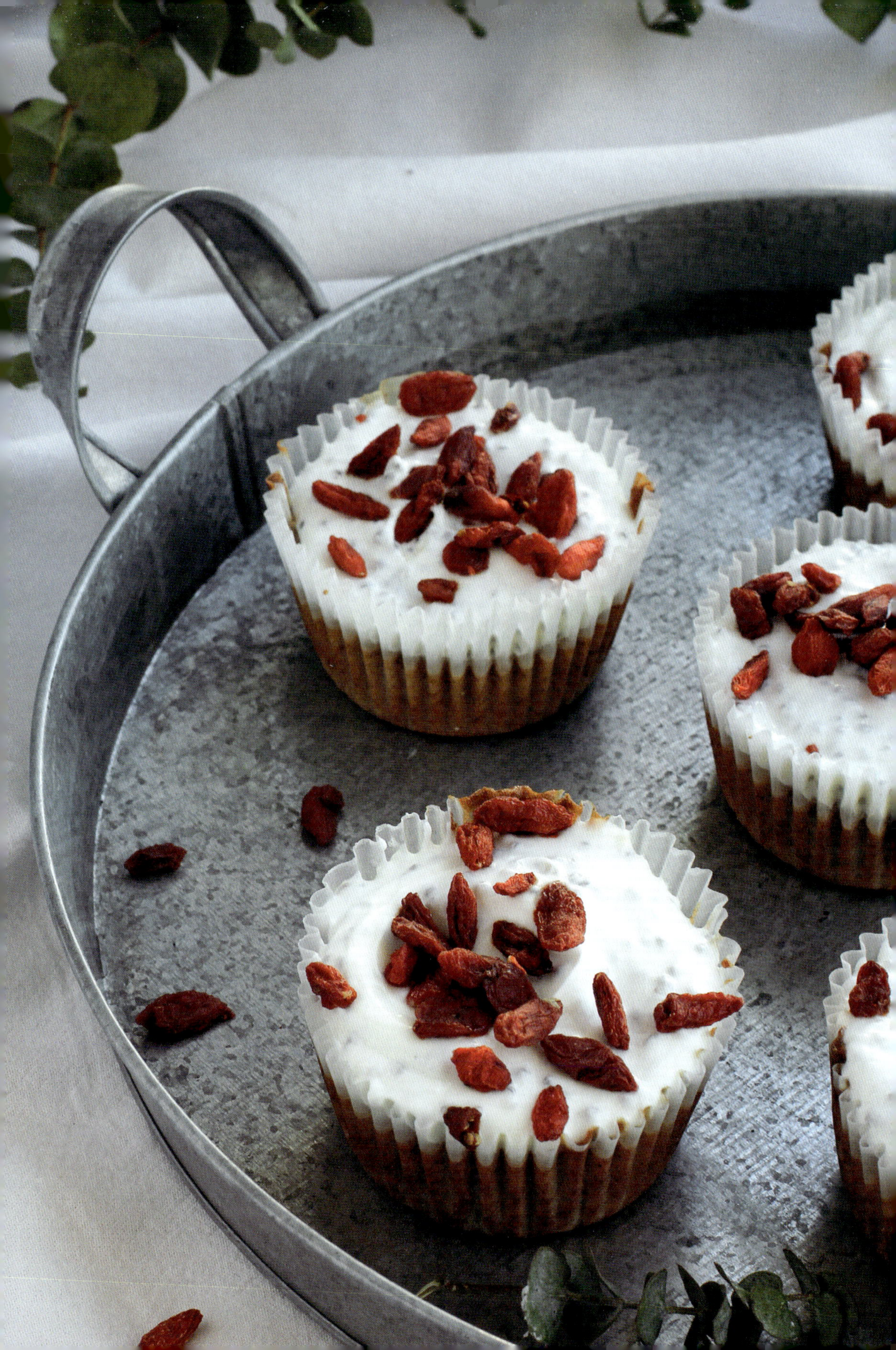

Kokoskaramell

Vorbereitungszeit: 10 Minuten
Koch-/Backzeit: 30 Minuten

Schwierigkeit: mittelschwer
Menge: 1 Stück

- **400 g Kokosmilch aus der Dose**
- **50 g Kokoszucker**
- **20 g Kokosöl**
- **1 Prise Salz**

Die Kokosmilch zusammen mit dem Zucker bei mittlerer Hitze im Topf erwärmen. Nach 10 Minuten die Temperatur verringern und unter ständigem Rühren eindicken lassen (dies dauert ca. 25–30 Minuten). Zum Schluss das Kokosöl und eine Prise Salz hinzugeben.

Den Karamell abkühlen lassen und in ein verschließbares Glasgefäß füllen. Der Karamell ist ca. eine Woche haltbar.

TIPP Ihr könnt mit dem Karamell Desserts oder Joghurt nachsüßen oder ihn als Kuchenguss verwenden.

Nährwertangaben für 1 Stück:
1198 kcal | 10 g Eiweiß | 78 g Kohlenhydrate | 94 g Fett

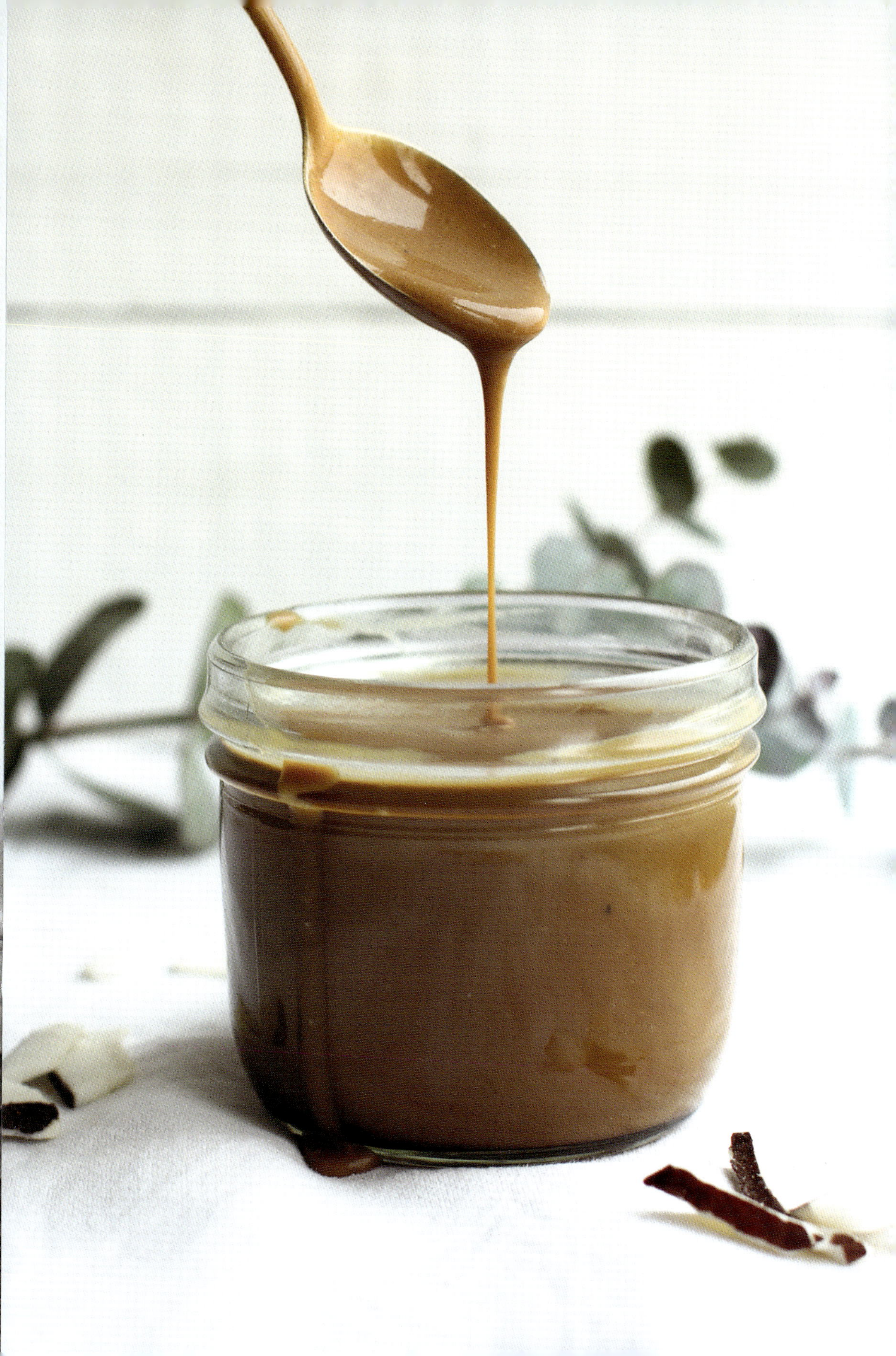

Himbeerparfait

Vorbereitungszeit: 5 Minuten
Koch-/Backzeit: 0 Minuten

Schwierigkeit: einfach
Portionen: 1

- **100 g Himbeeren**
- **1 TL Chia-Samen**
- **1 TL Honig**
- **120 g Joghurt**
- **30 g Haferflocken**

Die Himbeeren zusammen mit dem Honig und den Chia-Samen zerdrücken. Die Masse in ein Glas geben. Den Joghurt darüber schichten und mit Haferflocken bestreuen.

TIPP Die Haferflocken können durch hausgemachtes Granola ersetzt werden – auf Seite 20 und 21.

Nährwertangaben für 1 Portion:
309 kcal | 11 g Eiweiß | 46 g Kohlenhydrate | 9 g Fett

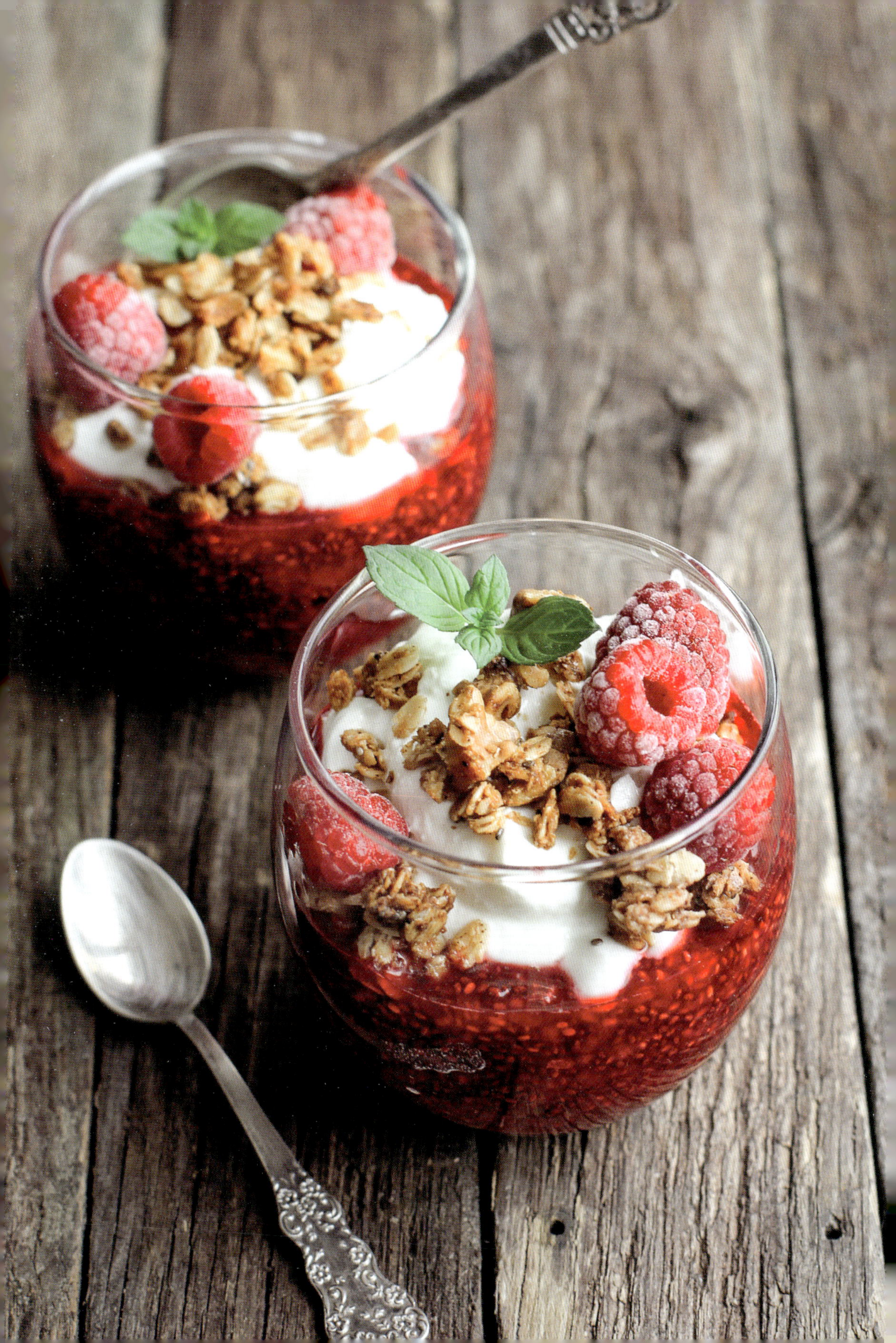

Honigkuchen aus Haferflocken

Vorbereitungszeit: 30 Minuten
Koch-/Backzeit: 12 Minuten

Schwierigkeit: einfach
Portionen: 16

FÜR DEN TEIG
- **200 g fein gemahlenes Vollkorn-Dinkelmehl**
- **130 g Haferflocken**
- **100 g zerkleinerte Haferflocken**
- **2 TL gemahlener Zimt**
- **1 TL phosphatfreies Backpulver**
- **2 Eier**
- **2 EL Honig (am besten flüssiger)**
- **100–150 ml Milch**
- **30 g geschmolzenes Kokosöl**

FÜR DIE FÜLLUNG
- **400 g Ricotta**
- **100 g Quark Halbfettstufe**
- **2 EL Honig**
- **200 g gemahlene Walnüsse**

Den Backofen auf 190 °C vorheizen. In einer Schüssel das Mehl sowie Haferflocken, zerkleinerte Haferflocken, Zimt und Backpulver verrühren. In einer zweiten Schüssel die Eier mit Honig, Milch und Kokosöl verquirlen.

Den Inhalt beider Schüsseln vermengen und einen Teig herstellen. Mit Hilfe eines nassen Löffels auf einem mit Backpapier ausgelegten Backblech aus dem Teig fünf gleich große runde Scheiben formen. Ca. 12 Minuten bei 180–190 °C backen.

Inzwischen verquirlen wir den Ricotta mit Quark und Honig. Scheiben aus dem Ofen nehmen und abkühlen lassen. Die Scheiben zu ¾ mit der Ricottafüllung bestreichen und aufeinanderlegen. Mit der restlichen Füllung Ränder und Oberseite des Kuchens bestreichen. Wir bestreuen den Honigkuchen von den Seiten und von oben mit Walnüssen. Vor dem Servieren den Honigkuchen für mindestens 1 Stunde in den Kühlschrank stellen.

Nährwertangaben für 1 Portion:
284 kcal | 9 g Eiweiß | 27 g Kohlenhydrate | 15 g Fett

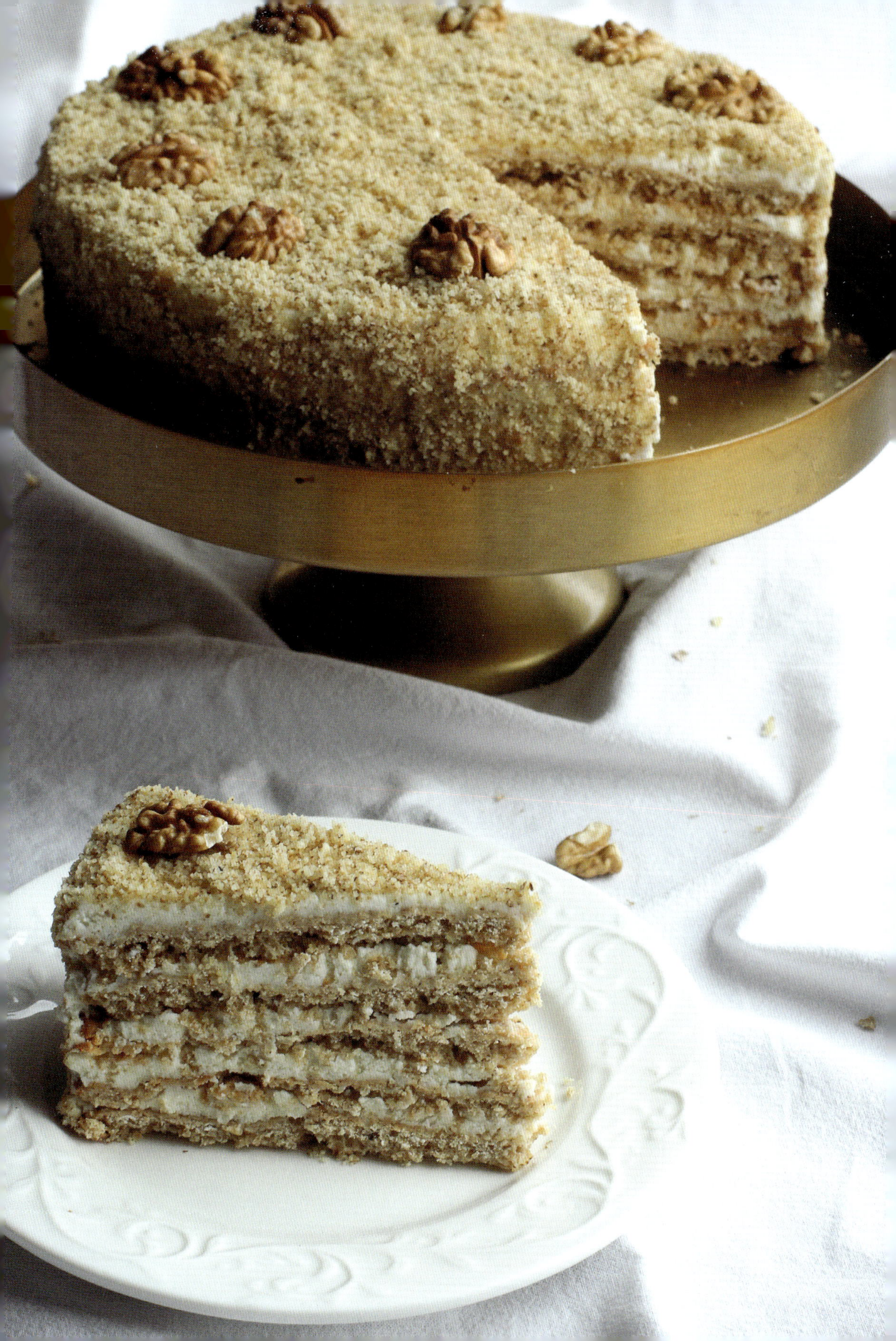

Käsekuchen mit Rosinen

Vorbereitungszeit: 30 Minuten
Koch-/Backzeit: 95 Minuten

Schwierigkeit: einfach
Portionen: 12

- **750 g Schichtkäse (10 % Fett i. Tr.)**
- **60 ml Milch**
- **80 g Rohrzucker**
- **3 Eier**
- **100 g Rosinen**
- **1 EL Maisstärke**

Den Backofen auf 150 °C vorheizen.
Mit einem Schneebesen in einer großen Schüssel Schichtkäse, Milch, Rohrzucker und Eier verquirlen. Separat die Rosinen in der Maisstärke wälzen, mit zum Teig in die Schüssel geben und alles verrühren. Anschließend eine Torten- oder Kuchenform (Ø 20 cm) mit Backpapier auslegen (oder einfetten) und den vorbereiteten Teig hineingießen. Die Form in den vorgeheizten Backofen geben und den Kuchen 90–95 Minuten bei 150 °C backen.

Den gebackenen Kuchen zunächst im geöffneten Backofen abkühlen lassen und anschließend mindestens 15 Minuten im Kühlschrank kühl stellen.

Den Kuchen nach dem Abkühlen in 12 Stücke schneiden und servieren.

Nährwertangaben für 1 Portion:
124 kcal | 8 g Eiweiß | 16 g Kohlenhydrate | 3 g Fett

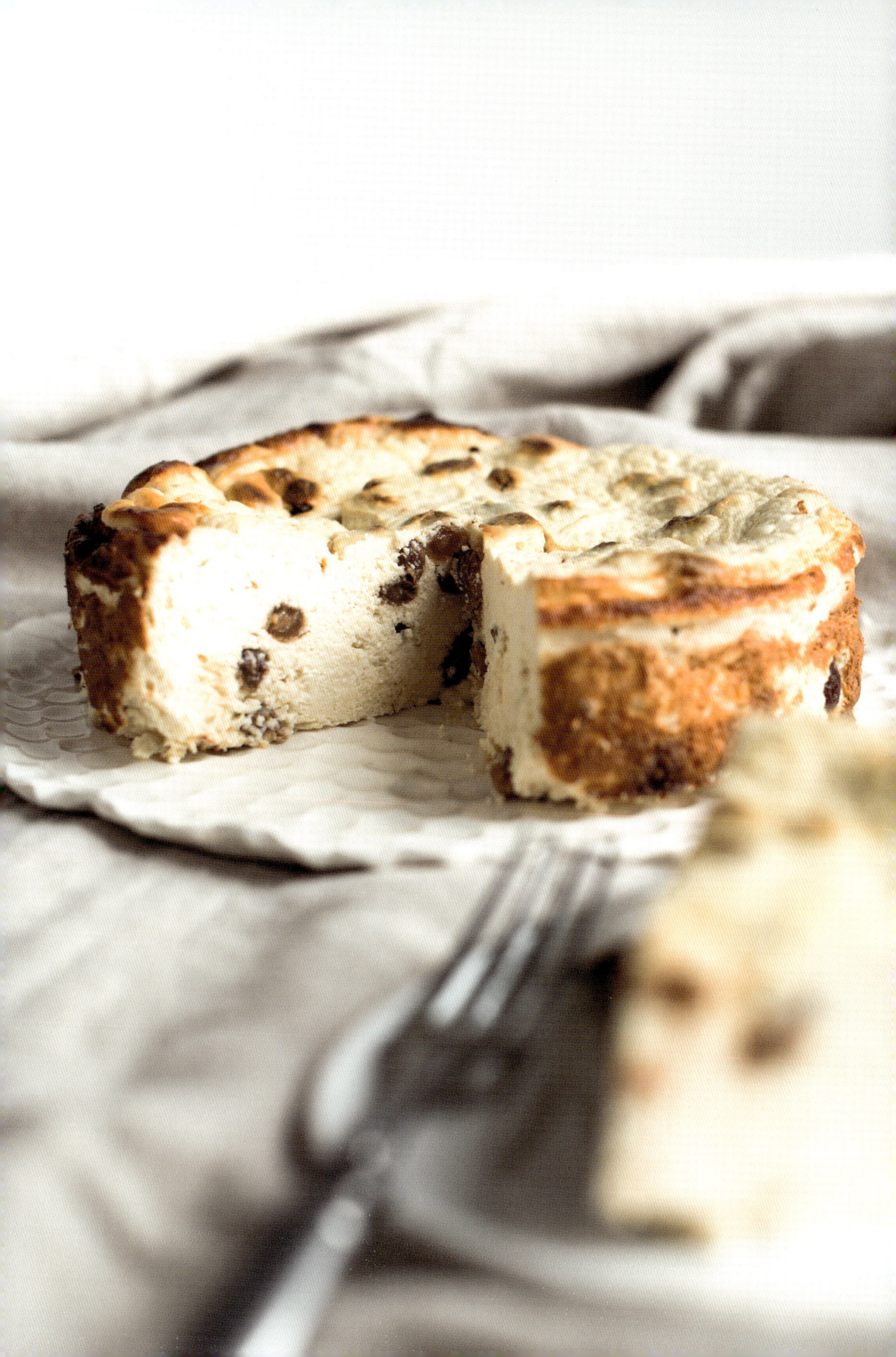

Mini-Käsekuchen

Vorbereitungszeit: 30 Minuten
Koch-/Backzeit: 5 Minuten

Schwierigkeit: mittelschwer
Portionen: 8

FÜR DEN TEIG
- **5 Medjool-Datteln**
- **20 g Kokosöl (geschmolzen)**
- **20 g Kokoszucker**
- **100 g grob gemahlene Mandeln**

FÜR DIE FÜLLUNG
- **400 g griechischer Joghurt**
- **einige Tropfen Stevia-Extrakt***
- **100 g Himbeeren**
- **3 Gelatineplatten**

Die Gelatine in 100 ml Wasser einweichen. Die Datteln kleinmixen und mit den restlichen Zutaten für den Teig vermischen. Eine Muffinform mit Papierkörbchen auslegen. In den Boden jedes Körbchens die Dattelmischung füllen. Den Joghurt in einer Schüssel mit Stevia vermischen.

Die Gelatine mit dem Wasser in einem Topf erwärmen und auflösen lassen. 2 Esslöffel Joghurt und Stevia in den Topf zumischen. Den Topfinhalt unter ständigem Rühren in die Schüssel mit dem Joghurt füllen. In den Mixer füllen und glattmixen.

2 Esslöffel Joghurtmischung in jedes Körbchen geben und mit Himbeeren belegen. Vor dem Servieren mindestens 4 Stunden abkühlen lassen.

TIPP Ihr könnt anstatt Himbeeren saisonales Obst verwenden.

*Stevia ist eine aus Paraguay und Brasilien stammende Pflanze. Stevia-Extrakt ist eine hervorragende Alternative zu Zucker und künstlichen Süßungsmitteln. Stevia könnt Ihr auch zu Hause anbauen.

Nährwertangaben für 1 Portion:
176 kcal | 10 g Eiweiß | 13 g Kohlenhydrate | 10 g Fett

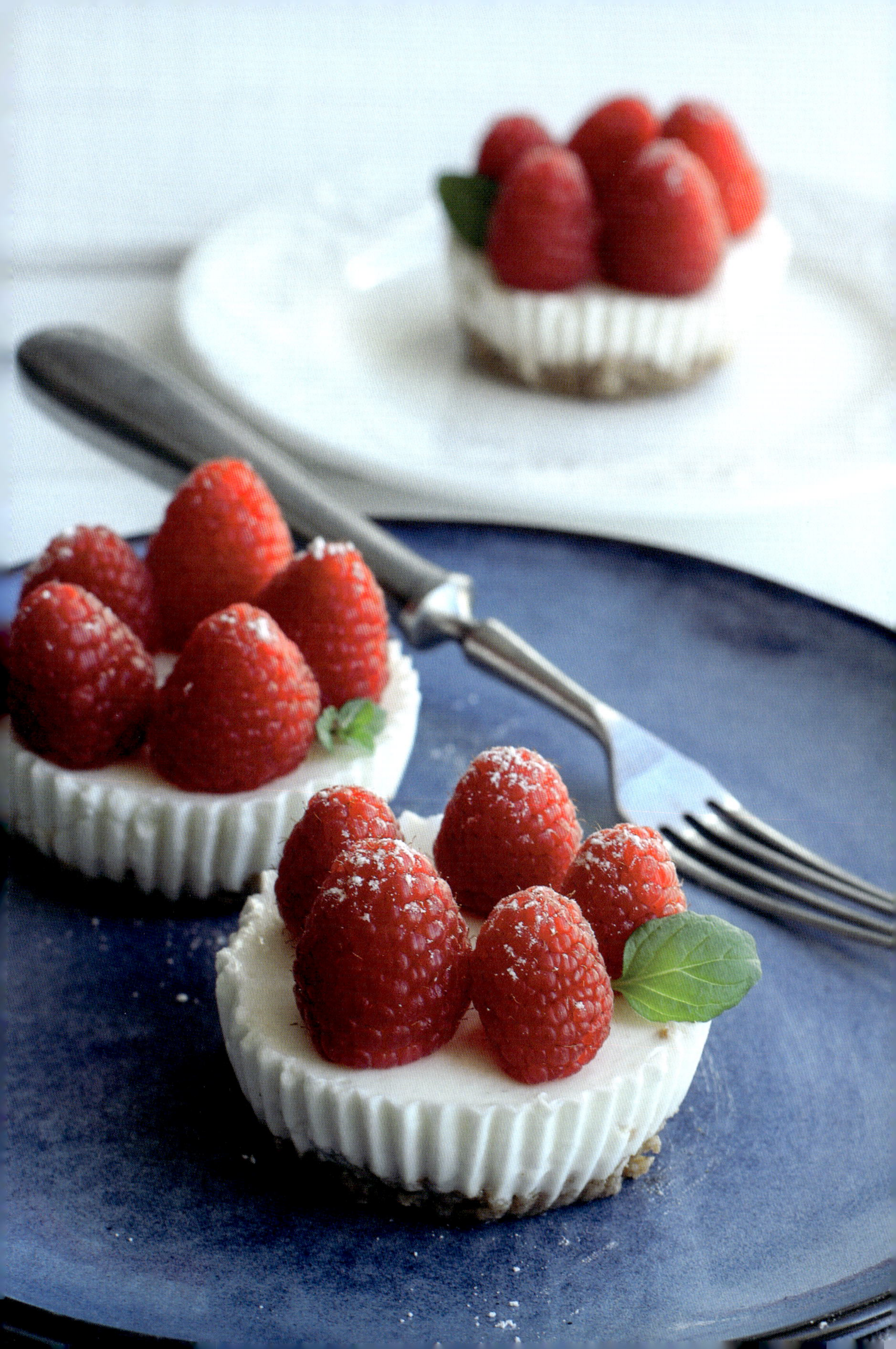

Nuss-Stangen

Vorbereitungszeit: 10 Minuten
Koch-/Backzeit: 45 Minuten

Schwierigkeit: einfach
Portionen: 15

- **350 g fein gemahlene Haferflocken**
- **50 g Walnüsse**
- **50 g Sonnenblumenkerne**
- **50 g getrocknete Datteln**
- **50 g getrocknete Preiselbeeren**
- **50 g getrocknete Goji-Beeren**
- **1 Banane**
- **60 g Apfelmus**
- **60 g geschmolzenes Kokosöl**
- **3 EL Honig**
- **1 TL Zimt**
- **½ TL gemahlener Ingwer**

Den Backofen auf 190 °C vorheizen. Die Haferflocken in eine große Schüssel schütten und gehackte Walnüsse und Sonnenblumenkerne zugeben. Die Datteln in kleine Stücke schneiden und zusammen mit den Preiselbeeren und den Goji-Beeren in die Schüssel geben. Die Banane mit einer Gabel zerdrücken und zusammen mit dem Apfelmus sowie Kokosöl, Honig, Zimt und Ingwer unter die Mischung rühren. Die Mischung auf einem Backblech auf ca. 1,5 cm Höhe verteilen. In den Backofen geben und 35-45 Minuten bei 180–190 °C backen.

TIPP Ihr könnt beliebiges Trockenobst oder Nüsse in den Stangenteig geben.

Nährwertangaben für 1 Portion:
221 kcal | 5 g Eiweiß | 29 g Kohlenhydrate | 9 g Fett

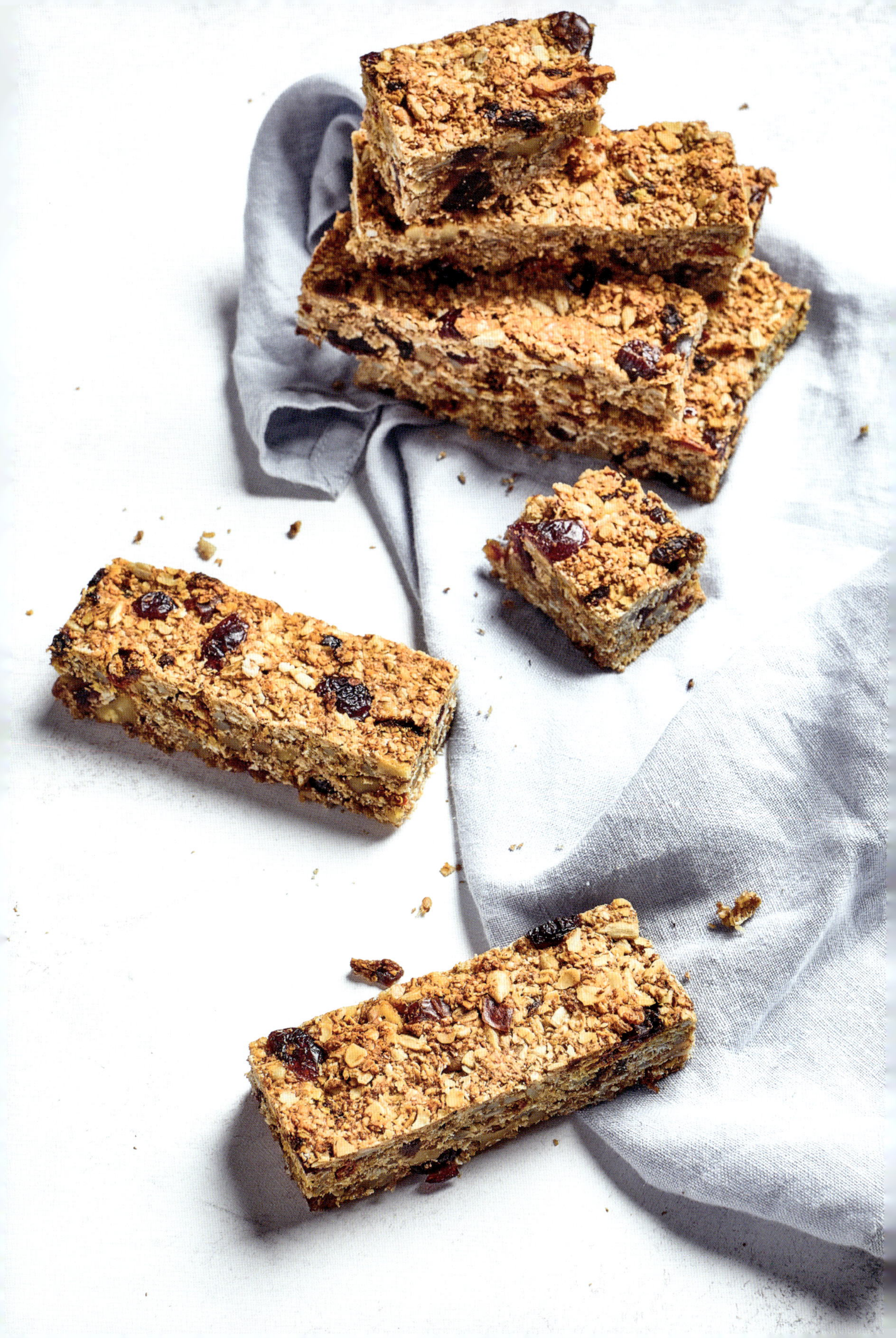

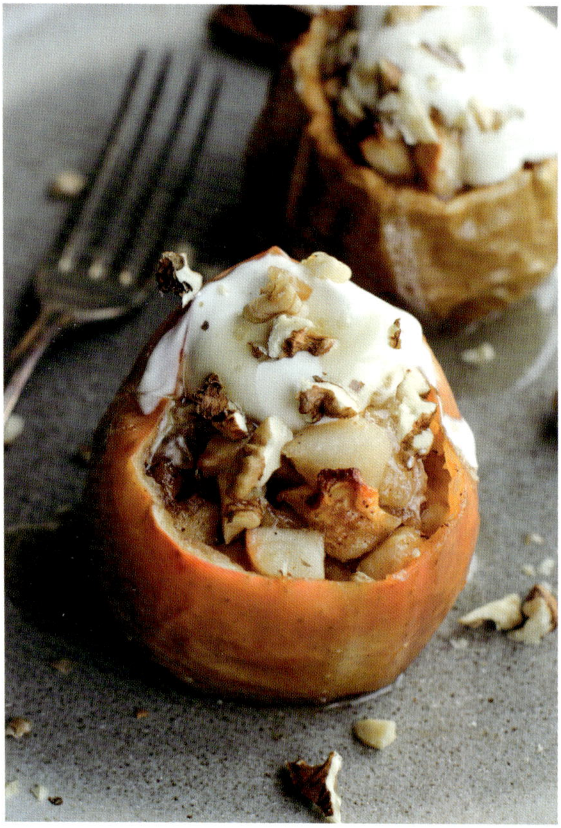
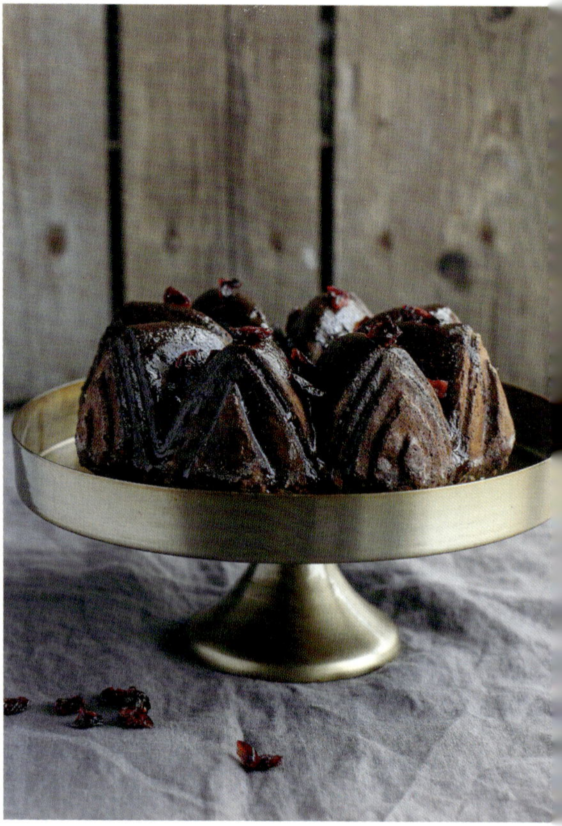
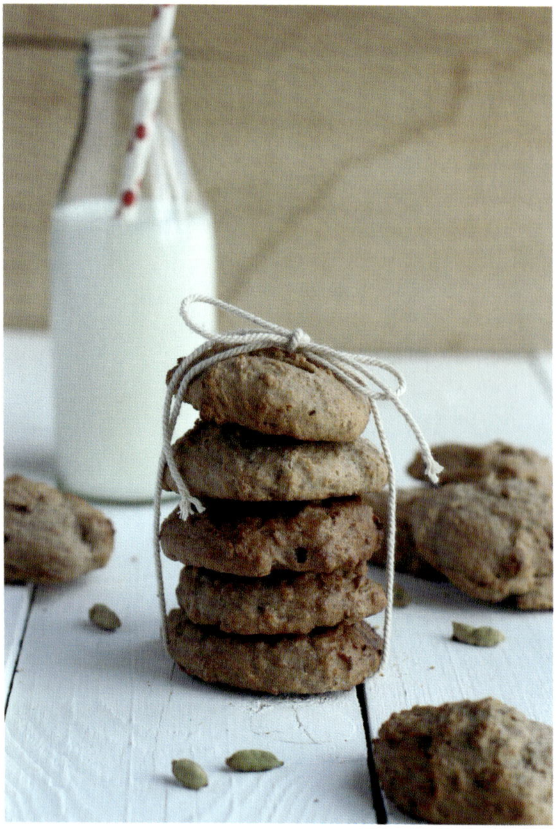
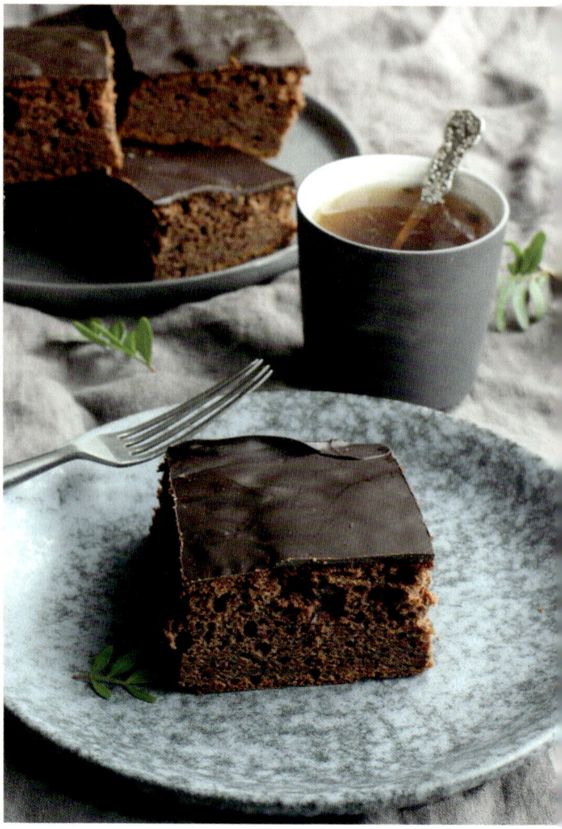

- **Bratapfel**
- **Buchweizen-Gugelhupf mit Preiselbeeren**
- **Kardamom-Kekse**
- **Zucchini-Lebkuchen**
- **Cupcakes mit Heidelbeeren**
- **Quarkkuchen**
- **Dattel-Muffins**

Bratapfel

Vorbereitungszeit: 15 Minuten
Koch-/Backzeit: 30 Minuten

Schwierigkeit: mittelschwer
Portionen: 4

- **4 große Äpfel**
- **20 g Kokosöl**
- **1 TL Zimt**
- **1 EL Honig**
- **100 g Apfelmus**
- **Saft von ½ Zitrone**
- **50 g gehackte Walnüsse**

Den Ofen auf 180 °C vorheizen. Den oberen Teil der Äpfel abschneiden und das Innere aushöhlen. Aus dem herausgenommenen Teil das Gehäuse entfernen. Das Gehäuse wegwerfen und den Rest in Würfel schneiden und zur Seite stellen. In einer Pfanne das Kokosöl erwärmen. Den Zimt, die Apfelwürfel sowie Honig, Apfelmus und Zitronensaft zugeben.

2–3 Minuten bei mittlerer Hitze anbraten. Die Äpfel mit der Mischung befüllen und auf ein Blech stellen. Das Backblech in den Backofen schieben und ca. 25 Minuten bei 170–180 °C backen. Zuletzt mit Nüssen bestreuen und servieren.

TIPP Ihr könnt die Äpfel mit einem Esslöffel griechischem Joghurt.

Nährwertangaben für 1 Portion:
236 kcal | 3 g Eiweiß | 27 g Kohlenhydrate | 13 g Fett

Buchweizen-Gugelhupf mit Preiselbeeren

Vorbereitungszeit: 20 Minuten
Koch-/Backzeit: 0 Minuten

Schwierigkeit: mittel
Portionen: 16

- **200 g Vollkorn-Buchweizenmehl**
- **120 g gemahlene Walnüsse**
- **3 Bananen**
- **250 ml Vanille-Sojamilch**
- **2 Eier**
- **150 g getrocknete Preiselbeeren ohne Zucker**
- **2 TL phosphatfreies Backpulver**
- **2 EL Honig**
- **30 g geschmolzenes Kokosöl**
- **100 g Zartbitterschokolade**
- **+ 20 g Kokosöl zum Einfetten der Form**
- **2 EL Buchweizenmehl zum Ausstreuen der Form**

Den Backofen auf 160 °C vorheizen. Die Bananen kleinmixen oder mit der Gabel zerdrücken und in eine Schüssel geben. Zu den Bananen nacheinander Buchweizenmehl, Walnüsse, Milch, Eier, Preiselbeeren, Backpulver, Honig und geschmolzenes Kokosöl geben.

Alles zu einem glatten Teig vermengen und die geraspelte Zartbitterschokolade hinzugeben.

Eine Gugelhupfform mit Kokosöl einfetten und mit Buchweizenmehl ausstreuen.

Den Teig in die Form geben und in den Ofen schieben. 45–50 Minuten bei 150–160 °C backen.

TIPP Ihr könnt den Gugelhupf mit einem selbstgemachten Guss überziehen: 50 g geschmolzenes Kokosöl, 1 EL holländischen Kakao und 1 TL Honig vermischen.

Nährwertangaben für 1 Portion:
246 kcal | 5 g Eiweiß | 25 g Kohlenhydrate | 14 g Fett

Kardamom-Kekse

Vorbereitungszeit: 10 Minuten
Koch-/Backzeit: 15 Minuten

Schwierigkeit: mittelschwer
Portionen: 20

- 1 Ei
- 120 ml Milch
- 30 g Kokosöl
- 1 EL Dattelsirup
- 110 g fein gemahlenes Vollkorn-Dinkelmehl
- 80 g fein gemahlene Haferflocken
- 1 TL phosphatfreies Backpulver
- ½ TL gemahlener Kardamom*

Den Ofen auf 180 °C vorheizen. Die Eier zusammen mit Milch, Kokosöl und Sirup verquirlen. Das Mehl sowie Haferflocken, Backpulver und Kardamom zumischen.

Aus dem Teig Kugeln formen, die wir auf ein mit Backpapier ausgelegtes Backblech legen. Die Kugeln mit der Gabel flachdrücken. Ca. 15 Minuten bei 170–180 °C backen.

TIPP Vor dem Backen 50 g geriebene Datteln in den Teig geben.

*Kardamom ist ein Gewürz, das häufig in der indischen Küche verwendet wird. Es hat einen süßlichen Geschmack und eignet sich sowohl zum Backen von Süßspeisen als auch für die Zubereitung von Suppen oder Soßen.

Nährwertangaben für 1 Portion:
57 kcal | 2 g Eiweiß | 7 g Kohlenhydrate | 2 g Fett

Zucchini-Lebkuchen

Vorbereitungszeit: 20 Minuten
Koch-/Backzeit: 40 Minuten

Schwierigkeit: mittelschwer
Portionen: 25

- **350 g Zucchini**
- **350 g fein gemahlenes Vollkorn-Dinkelmehl**
- **2 EL holländischer Kakao oder Karob**

- **1 EL Lebkuchengewürz**
- **1 Prise Salz**
- **3 TL phosphatfreies Backpulver**
- **2 TL Natron**
- **40 g Kokosöl (geschmolzen)**
- **3 Eier**
- **250–300 ml Milch**
- **Stevia zum Nachsüßen (Ihr könnt auch Honig verwenden)**
- **100 g Zartbitterschokolade für den Guss**

Den Backofen auf 170 °C vorheizen. Die Zucchini abwaschen, kleinreiben und leicht salzen. Beiseitestellen und überschüssiges Wasser abfließen lassen. Inzwischen das Dinkelmehl in eine große Schüssel sieben und holländischen Kakao, Lebkuchengewürz, Salz, Backpulver und Natron zugeben. In einer zweiten Schüssel verquirlen wir das Kokosöl mit den Eiern, der Milch und Stevia oder Honig.

Den Inhalt beider Schüsseln vermischen. Das überschüssige Wasser aus der Zucchini ausdrücken und die Zucchini in den Teig mischen. Den Teig in eine mit Backpapier ausgelegte Form (25 × 25 cm) gießen. 30-40 Minuten bei 160–170 °C backen. Den Lebkuchen mit im Wasserbad geschmolzener Zartbitterschokolade übergießen.

TIPP Wenn der Teig zu dick ist, gebt mehr Milch dazu.

Nährwertangaben für 1 Portion:
107 kcal | 4 g Eiweiß | 12 g Kohlenhydrate | 5 g Fett

Cupcakes mit Heidelbeeren

Vorbereitungszeit: 20 Minuten
Koch-/Backzeit: 25 Minuten

Schwierigkeit: mittelschwer
Portionen: 12

FÜR DEN TEIG
- 180 g Haferflockenmehl
- 30 g Protein mit Schokoladengeschmack
- 1,5 EL holländischer Kakao
- 2 TL phosphatfreies Backpulver
- 1 TL Natron
- 3 EL Honig
- 150 g weißer Joghurt
- 150 ml Milch
- 2 Eier

FÜR DEN GUSS
- 150 g Quark
- 80 g Ricotta
- 1 EL holländischer Kakao
- 1 TL Honig

ZUM GARNIEREN
- 150 g Heidelbeeren zum Verzieren

Den Ofen auf 180 °C vorheizen. Das Mehl in eine große Schüssel sieben und Protein, holländischen Kakao, Backpulver und Natron zugeben. In einer zweiten Schüssel verquirlen wir den Honig mit Joghurt, Milch und Eiern. Den Inhalt beider Schüsseln vermischen und den Teig in 12 Muffinförmchen füllen. 25 Minuten bei 170–180 °C backen.

Inzwischen bereiten wir den Guss zu. Den Quark mit Ricotta, Kakao und Honig vermischen und in den Kühlschrank stellen. Die gebackenen Muffins abkühlen lassen und mit einem Spritzbeutel mit dem Guss verzieren. Jeden Cupcake mit Heidelbeeren verzieren.

TIPP Anstatt Heidelbeeren könnt Ihr beliebiges saisonales Obst verwenden.

Nährwertangaben für 1 Portion:
148 kcal | 8 g Eiweiß | 19 g Kohlenhydrate | 4 g Fett

Quarkkuchen

Vorbereitungszeit: 10 Minuten
Koch-/Backzeit: 60 Minuten

Schwierigkeit: einfach
Portionen: 10

— **500 g Quark Halbfettstufe**
— **1 Packung Vanillepudding im Beutel (40 g)**
— **80 g Dattelsirup***
— **4 Eier**
— **1 TL Vanilleextrakt**

Den Backofen auf 170 °C vorheizen. Den Quark zusammen mit dem Dattelsirup und den Eiern verquirlen. Den Pudding und den Vanilleextrakt in die Mischung zugeben.

Den Teig in eine mit Backpapier ausgelegte Kuchenform mit ca. 25 cm Durchmesser gießen. 50 Minuten bei 150–160 °C backen (25 Minuten bei Umluft und anschließend 25 Minuten bei Unterhitze).

Nährwertangaben für 1 Portion:
110 kcal | 8 g Eiweiß | 11 g Kohlenhydrate | 41 g Fett

Dattel-Muffins

Vorbereitungszeit: 30 Minuten
Koch-/Backzeit: 25 Minuten

Schwierigkeit: einfach
Portionen: 14

— **200 g Medjool-Datteln (zuvor mindestens für 20 Minuten in 250 ml Wasser eingeweicht)**
— **80 g Kokosöl**
— **60 g Honig**
— **3 Eier**
— **180 g Reismehl**
— **100 ml Sojamilch**
— **2 TL phosphatfreies Backpulver**

Den Backofen auf 180 °C vorheizen. Die Datteln abgießen und zusammen mit dem Kokosöl und dem Honig glattmixen. Die Eier sowie Mehl, Backpulver und Milch in die Mischung geben und kleinmixen, bis wir einen glatten Teig erhalten (falls der Teig zu dick ist, geben wir Wasser hinzu).

14 Muffinförmchen vorbereiten und den zubereiteten Teig hineingießen. Ca. 25 Minuten bei 170–180 °C backen.

TIPP Anstelle von Honig könnt Ihr auch andere Süßungsmittel verwenden – zum Beispiel Ahorn-, Reis- oder Dattelsirup.

Nährwertangaben für 1 Portion:
174 kcal | 3 g Eiweiß | 25 g Kohlenhydrate | 7 g Fett

Erfrischungen, Salate und Getränke

Das letzte Kapitel beinhaltet all das, was wir in kaltem Zustand essen und trinken. Ihr findet hier vor allem Salate, aber es wäre uns schwergefallen, dem Kochbuch zum Beispiel Cashew-Eis und einige weitere Rezepte vorzuenthalten, also haben wir sie hier mit untergebracht – ganz am Ende.

Die Menschen haben sehr unterschiedliche Beziehungen zu Salaten. Manch einer isst sie nur als Beilage, manch einer isst sie überhaupt nicht. Aber man findet auch Leute, die gerne einen Salat anstelle eines Mittag- oder Abendessens zu sich nehmen. Man sagt, dass mindestens die Hälfte des Essens, das wir über den Tag verteilt essen, roh sein sollte. Denkt also daran, wenn Ihr Euren Einkauf plant.

Wir haben eine ganze Reihe von Rezepten für Euch vorbereitet, in denen Ihr neben Gemüse auch Rind- und Hühnchenfleisch oder Fisch findet. Davon, dass nahezu alles miteinander kombiniert werden kann, überzeugt Euch der Obstsalat mit Ziegenkäse oder der Thunfischsalat mit Erdbeeren. Ihr glaubt uns nicht? Bereitet die Salate zu und probiert sie... und lasst uns wissen, was Ihr dazu sagt. Das gilt auch für alle anderen Rezepte. Also guten Appetit!

Hühnchensalat mit Radieschen

Vorbereitungszeit: 10 Minuten
Koch-/Backzeit: 8 Minuten

Schwierigkeit: einfach
Portionen: 1

- **100 g Hühnerbrust**
- **1 EL Olivenöl**
- **50 g Feldsalat**
- **50 g Babyspinat**
- **2 Salatblätter**
- **4 mittelgroße Radieschen**
- **30 g geriebene Mandeln**

FÜR DAS DRESSING
- **1 EL Olivenöl**
- **1 TL Zitronensaft**
- **1 TL Dijon-Senf**
- **Salz**
- **Pfeffer**

Die Hühnerbrust reinigen und in einem Essöffel Olivenöl von beiden Seiten anbraten. Den Feldsalat zusammen mit dem Spinat in eine Schüssel geben. Die kleingezupften Salatblätter und die in Scheiben geschnittenen Radieschen hinzugeben. Die gebratene Hühnerbrust mit der Gabel zerkleinern oder in Stücke schneiden und zum Salat geben. Dann bereiten wir das Dressing zu. Das Öl mit Zitronensaft, Senf, Salz und Pfeffer verquirlen. Den Salat mit dem Dressing übergießen, mit geriebenen Mandeln bestreuen und servieren.

TIPP Probiert den Salat mit diesen Dressings:

1. Balsamico-Dressing:
Aus 1 EL Balsamico-Essig, 1 EL Olivenöl, 1 TL Honig, 1 TL Zitronensaft.

2. Joghurt-Dressing:
Aus 120 g weißem Joghurt, 1 TL Zitronensaft, 1 Knoblauchzehe, 1 Prise Salz und Pfeffer.

Nährwertangaben für 1 Portion:
578 kcal | 32 g Eiweiß | 9 g Kohlenhydrate | 46 g Fett

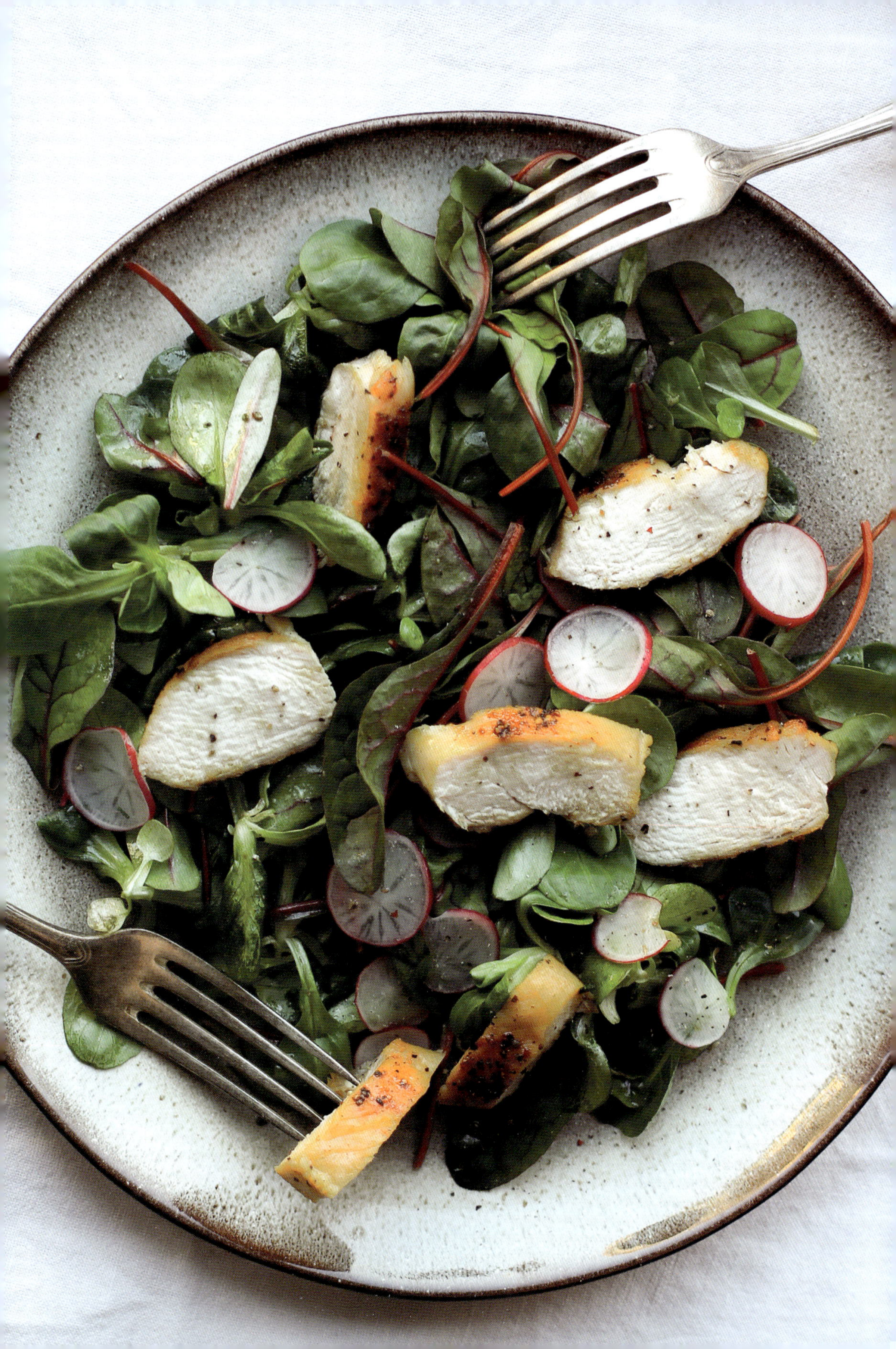

Salat mit Roter Bete

Vorbereitungszeit: 30 Minuten
Koch-/Backzeit: 0 Minuten

Schwierigkeit: einfach
Portionen: 2

— **2 Knollen Rote Bete (vorgekocht)**
— **3 EL Olivenöl**
— **2 EL Balsamico-Essig***
— **Saft von 1 Zitrone**
— **1 EL Honig**
— **50 g Walnüsse**
— **100 g Rucola**

Die Rote Bete schälen und in dünne Scheiben schneiden. Die Rote-Bete-Scheiben nacheinander in eine große Schüssel legen. In einer zweiten Schüssel das Öl, den Balsamico-Essig, den Zitronensaft und den Honig miteinander vermischen. Das Gemisch über die Rote Bete gießen und alles 20 Minuten lang stehen lassen. Zuletzt geben wir die Nüsse und die Rucola hinzu und servieren.

TIPP Ihr könnt noch frischen Ziegenkäse unter den Salat mischen.

*Balsamico-Essig ist in Gerichten insbesondere wegen seines Geschmacks beliebt, aber auch wegen seiner positiven Auswirkungen auf unsere Gesundheit. Essig verbessert die Verdauung und unterdrückt den Appetit, reduziert den Blutdruck und hilft, den Cholesterinspiegel im Blut normal zu halten.

Nährwertangaben für 1 Portion:
503 kcal | 8 g Eiweiß | 35 g Kohlenhydrate | 37 g Fett

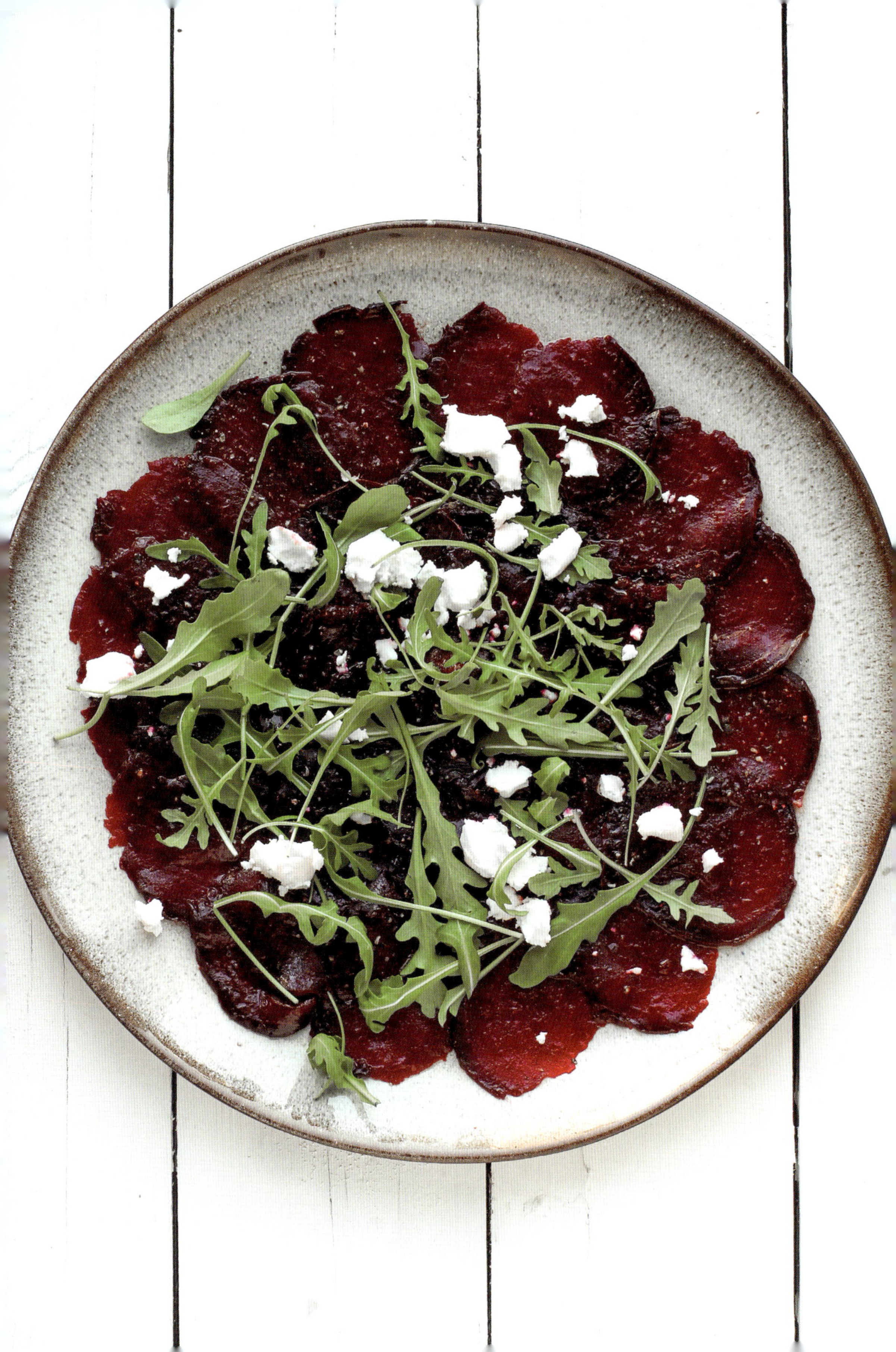

Salat mit Avocado

Vorbereitungszeit: 20 Minuten
Koch-/Backzeit: 40 Minuten

Schwierigkeit: mittelschwer
Portionen: 4

- 2 EL Olivenöl
- 1 rote Paprika
- 100 g Champignons
- 1 Aubergine
- 1 Zucchini
- 1 TL Oregano
- 400 g Salat Little Gem
- 20 g Sesamsamen
- Salz
- Pfeffer

FÜR DAS DRESSING
- 2 Avocados
- Saft von 1 Zitrone
- 3 EL Olivenöl
- 1 Knoblauchzehe

Den Backofen auf 190 °C vorheizen. Die Paprika, die Champignons, die Aubergine und die Zucchini in kleine Würfel schneiden. In einer Schüssel mit Olivenöl, Salz und Oregano vermischen.

Das Gemüse auf einem mit Backpapier ausgelegten Blech verteilen und bei 180–190 °C ca. 40 Minuten backen. In der Zwischenzeit bereiten wir das Avocado-Dressing zu – das Innere der Avocados zusammen mit dem Zitronensaft, dem Olivenöl und der Knoblauchzehe kleinmixen.

Die Little-Gem-Salatblätter und das gebackene Gemüse auf vier Teller verteilen, das Avocado-Dressing hinzugeben und mit Sesamsamen bestreuen.

TIPP Anstelle des genannten Gemüses können zum Beispiel Karotten oder Wurzelpetersilie verwendet werden.

Nährwertangaben für 1 Portion:
494 kcal | 7 g Eiweiß | 17 g Kohlenhydrate | 45 g Fett

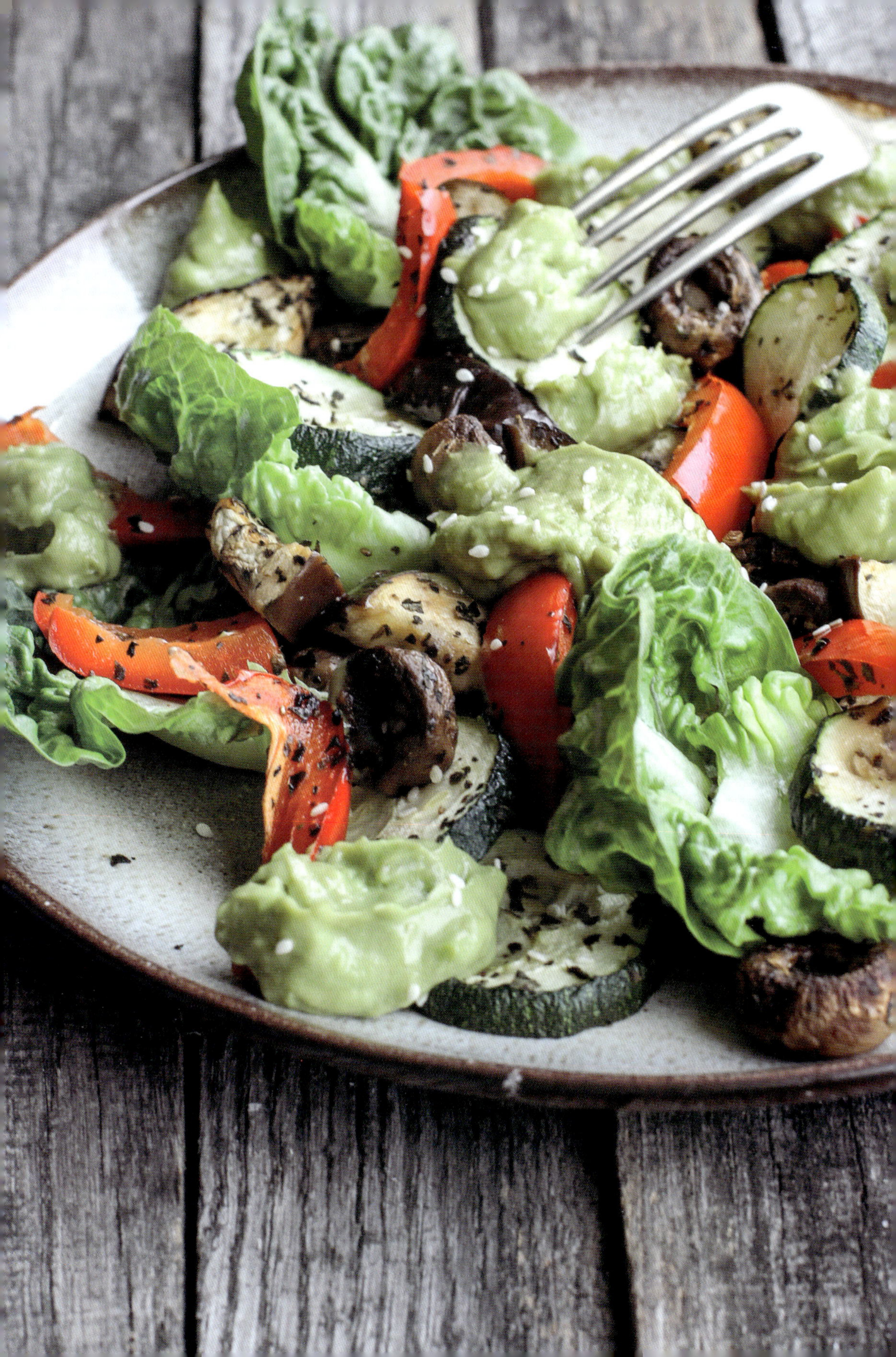

Salat mit Rindfleisch

Vorbereitungszeit: 10 Minuten
Koch-/Backzeit: 35 Minuten

Schwierigkeit: mittelschwer
Portionen: 4

- **400 g Roastbeef**
- **2 EL Olivenöl**
- **2 Chicorée**
- **1 Karotte**
- **1 Handvoll Mungobohnenkeime***
- **40 g Zuckererbsen**
- **1 Handvoll frischer Koriander**
- **50 g Sesamsamen**
- **Salz**
- **Pfeffer**

FÜR DAS DRESSING
- **1 Bio-Limette**
- **1 EL Honig**
- **2 EL hochwertige Sojasoße**
- **1 Chilischote**
- **2 cm frischer Ingwer**

Den Ofen auf 180 °C vorheizen. Das Fleisch salzen und pfeffern. In einer Pfanne in 2 Esslöffel Olivenöl ca. 2 Minuten von jeder Seite anbraten. Das Fleisch mit der Pfanne in den Ofen geben und 20 Minuten bei 170–180 °C backen. Inzwischen bereiten wir durch Vermischen von Limettensaft, Limettenschale, Honig, Sojasoße, kleingehackter Chilischote und geriebenem Ingwer das Dressing zu. In den letzten 10 Minuten den Chicorée zum Fleisch mit in den Ofen geben.

Die Karotte mit dem Schäler in dünne Scheiben schneiden und anschließend in feine Streifen schneiden. Zu den Karotten geben wir die einzelnen Chicoreéblätter, die Mungobohnenkeime, die Zuckererbsen und das in dünne Streifen geschnittene Fleisch hinzu und übergießen alles mit dem Dressing. Reichlich mit grob gehacktem Koriander und trocken gerösteten Sesamsamen bestreuen.

* Mungobohnen sind eine aus Indien stammende Bohnensorte. Die Bohnen sind eine hervorragende Eiweiß-, Calcium-, Natrium- und Eisenquelle und in der Küche können wir sie entweder gekeimt oder in roher Form verwenden.

Nährwertangaben für 1 Portion:
319 kcal | 25 g Eiweiß | 15 g Kohlenhydrate | 18 g Fett

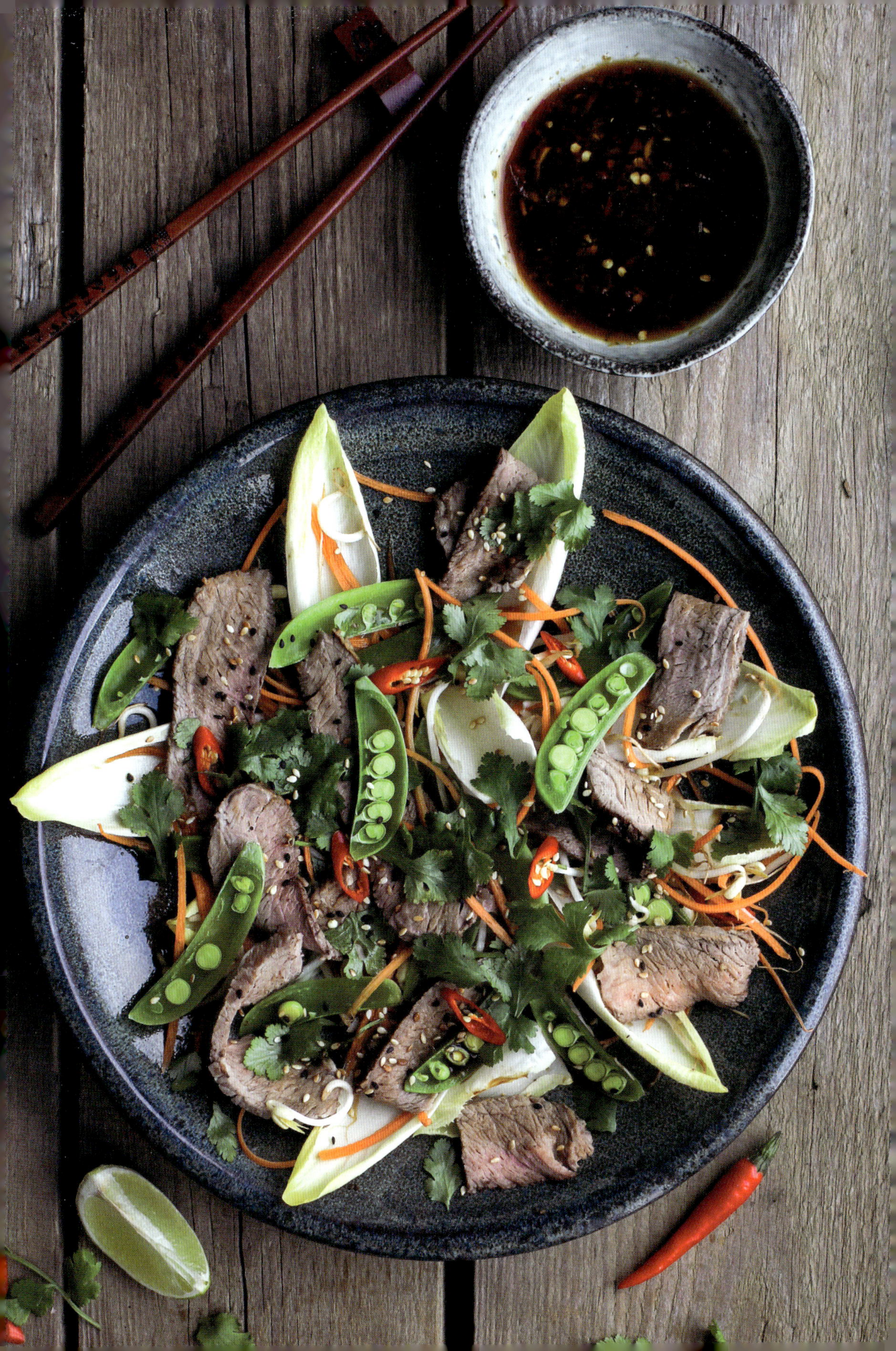

Salat mit Mungo- und Tahinidressing

Vorbereitungszeit: 10 Minuten
Koch-/Backzeit: 15 Minuten

Schwierigkeit: einfach
Portionen: 2

- **100 g Mungobohnen**
  (über Nacht in Wasser eingeweicht)
- **100 g Kichererbsen aus der Dose**
- **1 Avocado**
- **50 g Kürbiskerne**
- **100 g Schlangengurke**

FÜR DAS DRESSING
- **50 g Tahini**
- **1 TL Honig**
- **1 TL Ume Su**
- **1 EL Zitronensaft**

Die Mungobohnen gemäß der Anleitung auf der Packung kochen (15 Minuten). Die Avocado schälen und entkernen und in Scheiben schneiden.

Die Gurke putzen und in dünne Scheiben schneiden. Das Dressing bereiten wir zu, indem wir das Tahini mit Honig, Ume Su und Zitronensaft vermischen. Die Bohnen, die Kichererbsen, die Avocado und die Gurke teilen wir auf zwei Schüsseln auf. Mit den Kürbiskernen bestreuen und mit dem zubereiteten Dressing übergießen.

TIPP Ihr könnt den Salat mit Vollkorngebäck servieren.

Nährwertangaben für 1 Portion:
743 kcal | 26 g Eiweiß | 46 g Kohlenhydrate | 51 g Fett

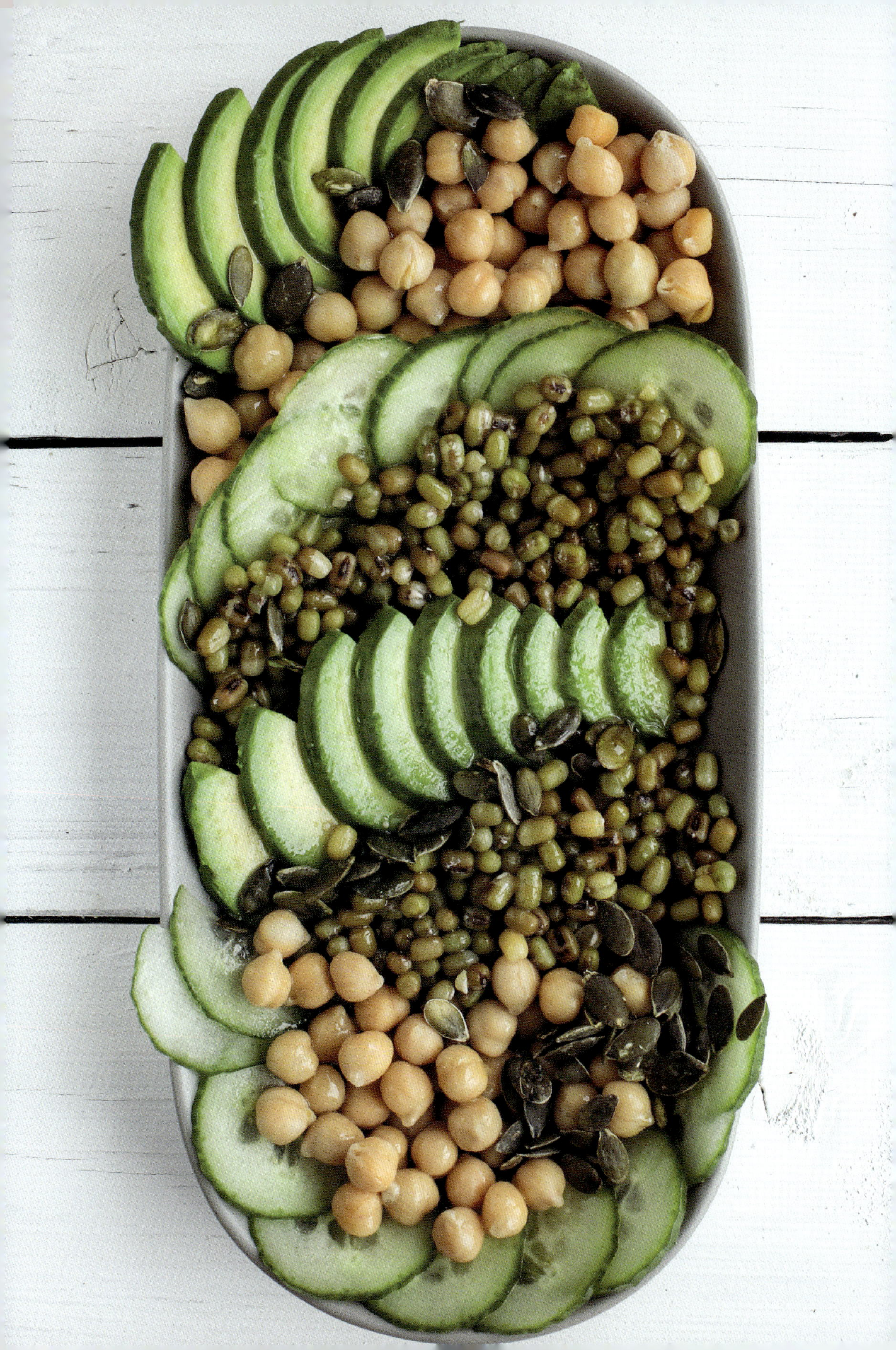

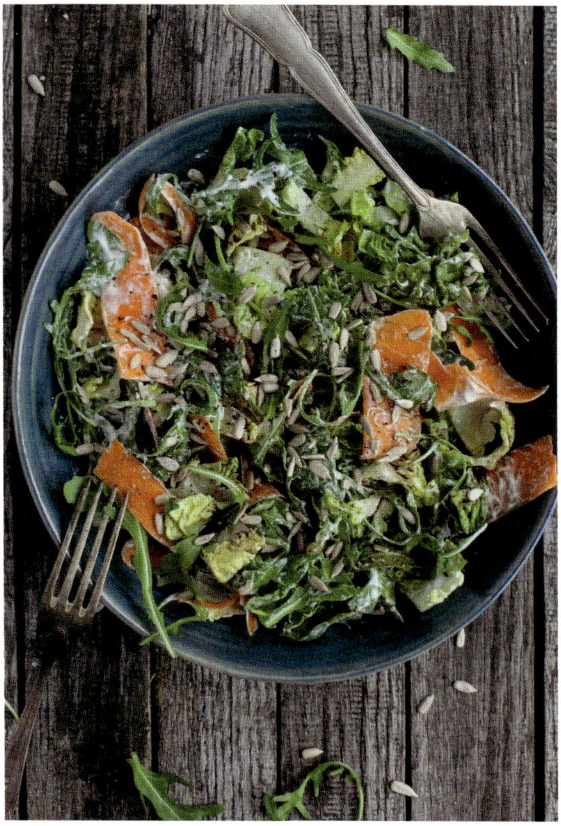
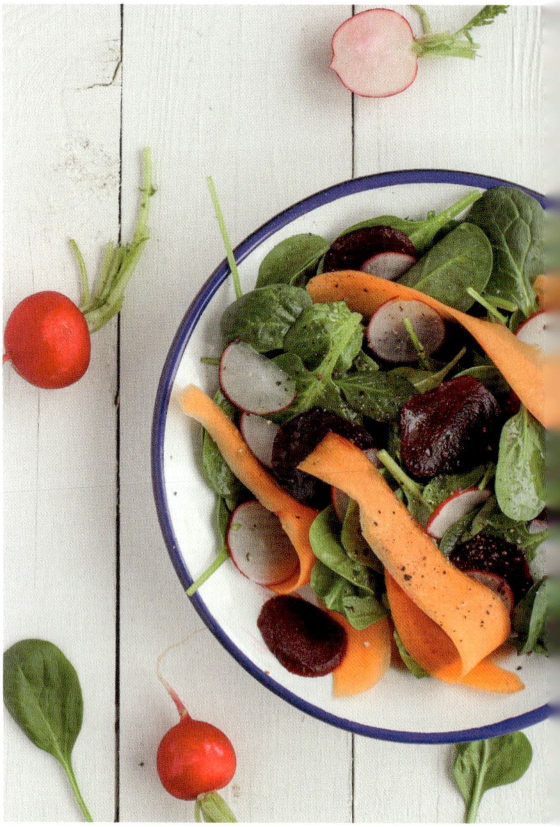
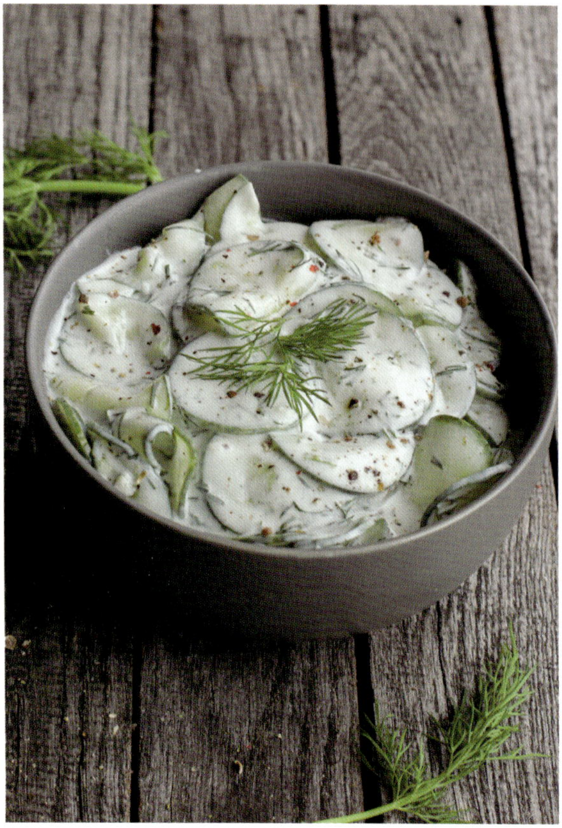
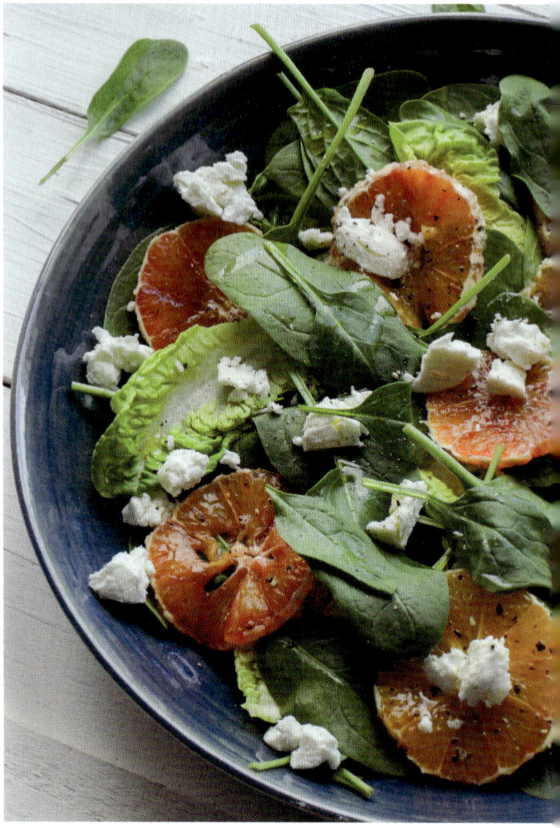

— Salat mit Sonnenblumenkernen
— Spinatsalat
— Gurkensalat mit Dill
— Obstsalat mit Ziegenkäse
— Kartoffelsalat mit Preiselbeeren
— Eiersalat mit Kurkuma
— Salat mit Thunfisch und Erdbeeren

Salat mit Sonnenblumenkernen

Vorbereitungszeit: 10 Minuten
Koch-/Backzeit: 0 Minuten

Schwierigkeit: einfach
Portionen: 1

- **1 Karotte**
- **100 g Romana-Salat**
- **50 g Rucola**
- **50 g weißer Joghurt**
- **1 EL Balsamico-Essig**
- **50 g Sonnenblumenkerne**

Die Karotte mit dem Schäler in dünne Scheiben schneiden, den Romana-Salat kleinschneiden und zusammen in eine Schüssel geben. Den Rucola und den Joghurt dazugeben und verrühren. Den Salat mit Balsamico-Essig beträufeln und mit Sonnenblumenkernen bestreuen.

TIPP Ihr könnt den Salat mit Vollkorncrackern servieren. Das Rezept findet Ihr auf Seite 128.

Nährwertangaben für 1 Portion:
413 kcal | 15 g Eiweiß | 32 g Kohlenhydrate | 25 g Fett

Spinatsalat

Vorbereitungszeit: 15 Minuten
Koch-/Backzeit: 3 Minuten

Schwierigkeit: einfach
Portionen: 2

- 200 g Babyspinat
- 1 Karotte
- 4 Radieschen
- 1 vorgekochte Rote Bete
- 50 g Sonnenblumenkerne

FÜR DAS DRESSING
- 1 TL Honig
- 1 TL Sojasoße
- 1 EL Olivenöl

Den Spinat unter fließendem Wasser abwaschen, abtrocknen und in eine Schüssel geben. Die Karotten schälen, mit dem Schäler in lange Streifen schneiden und zusammen mit den in Scheiben geschnittenen Radieschen zum Spinat geben. In Scheiben geschnittene Rote Bete dazugeben. Die Sonnenblumenkerne ca. 3 Minuten trocken in der Pfanne rösten und beiseitestellen.

Den Salat mit dem Dressing übergießen, das wir durch Vermischen von Honig, Sojasoße und Olivenöl zubereiten. Den Salat in 2 Portionen aufteilen und mit gerösteten Sonnenblumensamen bestreuen.

TIPP Ihr könnt 2 hartgekochte Eier in den Salat mischen.

Nährwertangaben für 1 Portion:
295 kcal | 9 g Eiweiß | 22 g Kohlenhydrate | 19 g Fett

Gurkensalat mit Dill

Vorbereitungszeit: 10 Minuten
Koch-/Backzeit: 0 Minuten

Schwierigkeit: einfach
Portionen: 4

- **1 Salatgurke**
- **1 Knoblauchzehe**
- **140 g weißer Joghurt**
- **1 Handvoll frischer Dill**
- **Saft von ½ Zitrone**
- **Salz**
- **Pfeffer**

Die Gurke abwaschen und entweder reiben oder in kleine Würfel schneiden. Den Knoblauch pressen und den Dill fein hacken.

Die Gurke mit Joghurt, gepresstem Knoblauch, Zitronensaft und Dill in einer Schüssel vermischen und nach Belieben salzen und pfeffern.

Vor dem Servieren mindestens 1 Stunde kühlstellen.

TIPP Ihr könnt den Salat als Beilage oder mit Vollkorngebäck servieren, er eignet sich ideal als leichtes Mittagessen.

Nährwertangaben für 1 Portion:
35 kcal | 2 g Eiweiß | 3 g Kohlenhydrate | 2 g Fett

Obstsalat mit Ziegenkäse

Vorbereitungszeit: 10 Minuten
Koch-/Backzeit: 0 Minuten

Schwierigkeit: einfach
Portionen: 2

- 1 Handvoll frischer Rosmarin
- 100 g Babyspinat
- 400 g Salat Little Gem
- ½ Blutorange

FÜR DAS DRESSING
- 1 EL Olivenöl
- 1 EL Weinessig
- 1 EL Honig
- 100 g Ziegenkäse

Den frischen Rosmarin, den Babyspinat und die Little-Gem-Blätter in einer Schüssel vermischen.

Die Orange schälen, in Scheiben schneiden und zum Salat dazugeben. Das Dressing wird durch Vermischen von Olivenöl, Weinessig und Honig zubereitet.

Den Salat in 2 Portionen aufteilen und jede Portion mit zerbröseltem Ziegenkäse bestreuen und mit Dressing übergießen.

TIPP Ihr könnt jede Portion mit ca. 50 g Pinienkernen bestreuen.

Nährwertangaben für 1 Portion:
223 kcal | 8 g Eiweiß | 10 g Kohlenhydrate | 17 g Fett

Grüner Smoothie

- 200 ml Mandelmilch
- 1 Banane
- 100 g Schlangengurke
- 50 g Babyspinat
- 50 g Bauernjoghurt
- 1 Handvoll frischer Minze

Alle Zutaten zusammen glattmixen und servieren.

1 Portion / Nährwertangaben für 1 Portion:
254 kcal | 8 g Eiweiß | 33 g Kohlenhydrate | 10 g Fett

Kaffee-Smoothie

- 1 gefrorene Banane
- 300 ml Mandelmilch
- 15 ml starker Espresso
- 3 Medjool-Datteln

Alle Zutaten zusammen glattmixen und servieren.

1 Portion / Nährwertangaben für 1 Portion:
311 kcal | 6 g Eiweiß | 47 g Kohlenhydrate | 11 g Fett

Rote-Bete-Smoothie

- 100 g Rote Bete
- 100 g gefrorene Erdbeeren
- 2 EL Limettensaft
- 1 TL geraspelter frischer Ingwer
- 1 TL Honig

Alle Zutaten zusammen mit 200 ml Wasser glattmixen. Den Smoothie sofort servieren.

1 Portion / Nährwertangaben für 1 Portion:
97 kcal | 2 g Eiweiß | 20 g Kohlenhydrate | 1 g Fett

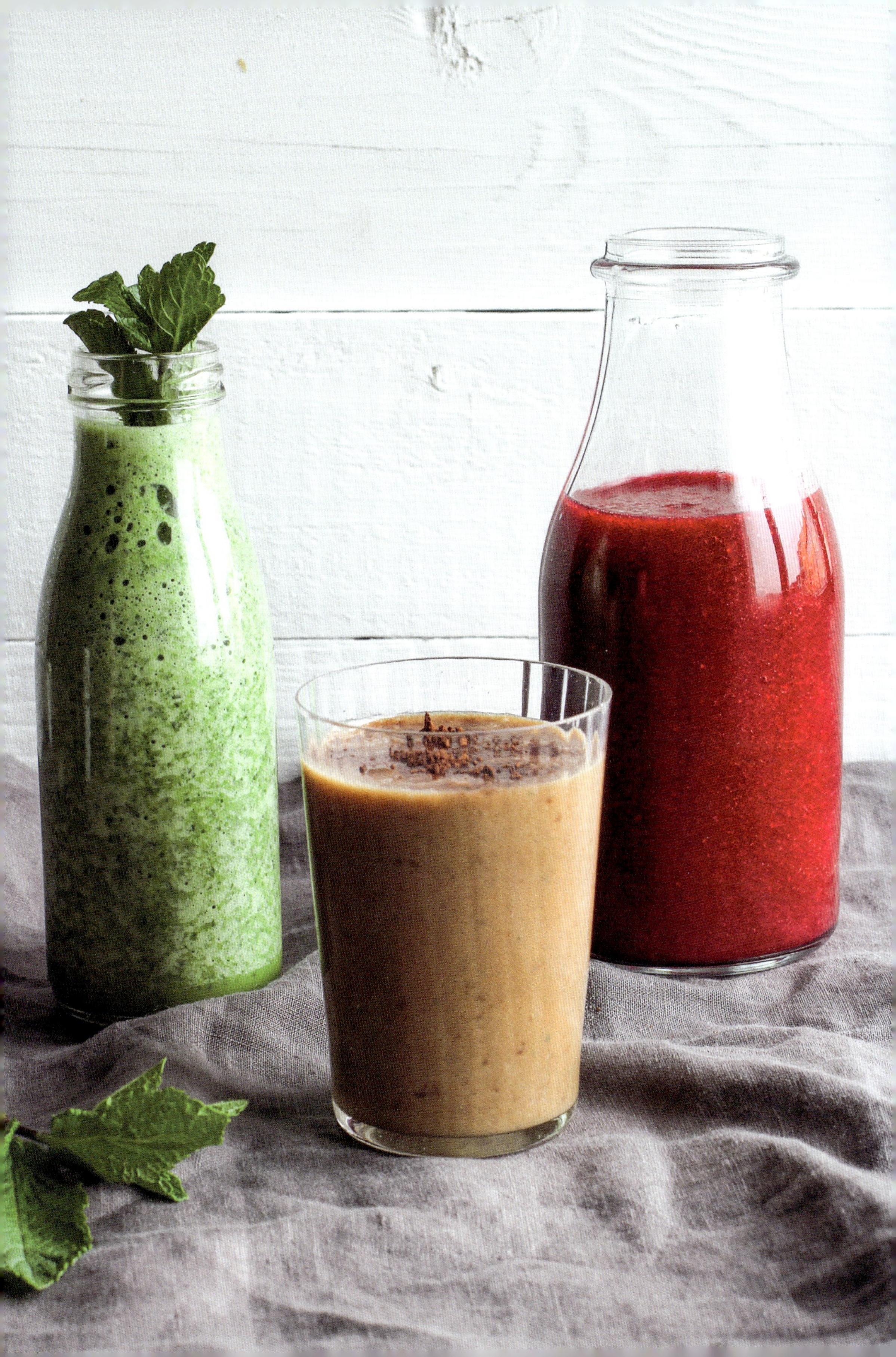

Erdbeer-Eis am Stiel mit Chiasamen

- 150 g Quark Halbfettstufe
- 1 TL Chia-Samen
- 100 g Erdbeeren
- 1 TL Vanilleextrakt
- 1 TL Honig

Den Honig mit dem Quark vermischen. Die Erdbeeren mit der Gabel zerdrücken und den Vanilleextrakt mit den Chia-Samen hinzugeben. Die Eis-am-Stiel-Förmchen abwechselnd mit Quark- und Erdbeermischung befüllen. Mindestens 3 Stunden im Tiefkühlfach einfrieren lassen.

4 Portionen / Nährwertangaben für 1 Portion:
59 kcal | 5 g Eiweiß | 5 g Kohlenhydrate | 2 g Fett

Eis am Stiel aus Cashew

- 150 Cashewkerne, über Nacht eingeweicht
- 70 g Kokosmilch aus der Dose
- 1 TL Honig

FÜR DEN GUSS
- 2 TL holländischer Kakao
- 40 g Kokosöl
- 1 TL Honig

ZUM PANIEREN
- 50 g Cashewkerne

Die Cashewkerne zusammen mit der Kokosmilch und einem Teelöffel Honig kleinmixen. Die Eis-am-Stiel-Förmchen mit der Mischung befüllen und mindestens für 4 Stunden im Tiefkühlfach einfrieren lassen. Eis am Stiel herausnehmen und mit der „Schokolade" übergießen, die wir durch Verrühren von holländischem Kakao, geschmolzenem Kokosöl und Honig herstellen, und zum Schluss in Cashewkernen panieren.

4 Portionen / Nährwertangaben für 1 Portion:
363 kcal | 8 g Eiweiß | 15 g Kohlenhydrate | 31 g Fett

Orangen-Eis am Stiel mit Granatapfel

- Fruchtfleisch von ½ Granatapfel
- 1 Orange
- 2 TL Zitronensaft
- 1 TL Honig

Die Orange, den Zitronensaft und den Honig zusammen mit 100 ml Wasser kleinmixen. Die Mischung mit dem Granatapfel verrühren und in die Eis--am-Stiel-Förmchen füllen. Die Förmchen für 4 Stunden ins Tiefkühlfach legen. Nachdem die Förmchen aus dem Tiefkühlfach kommen, mindestens 5 Minuten auftauen lassen, damit sich das Eis besser herausnehmen lässt.

4 Portionen / Nährwertangaben für 1 Portion:
23 kcal | 0 g Eiweiß | 6 g Kohlenhydrate | 0 g Fett

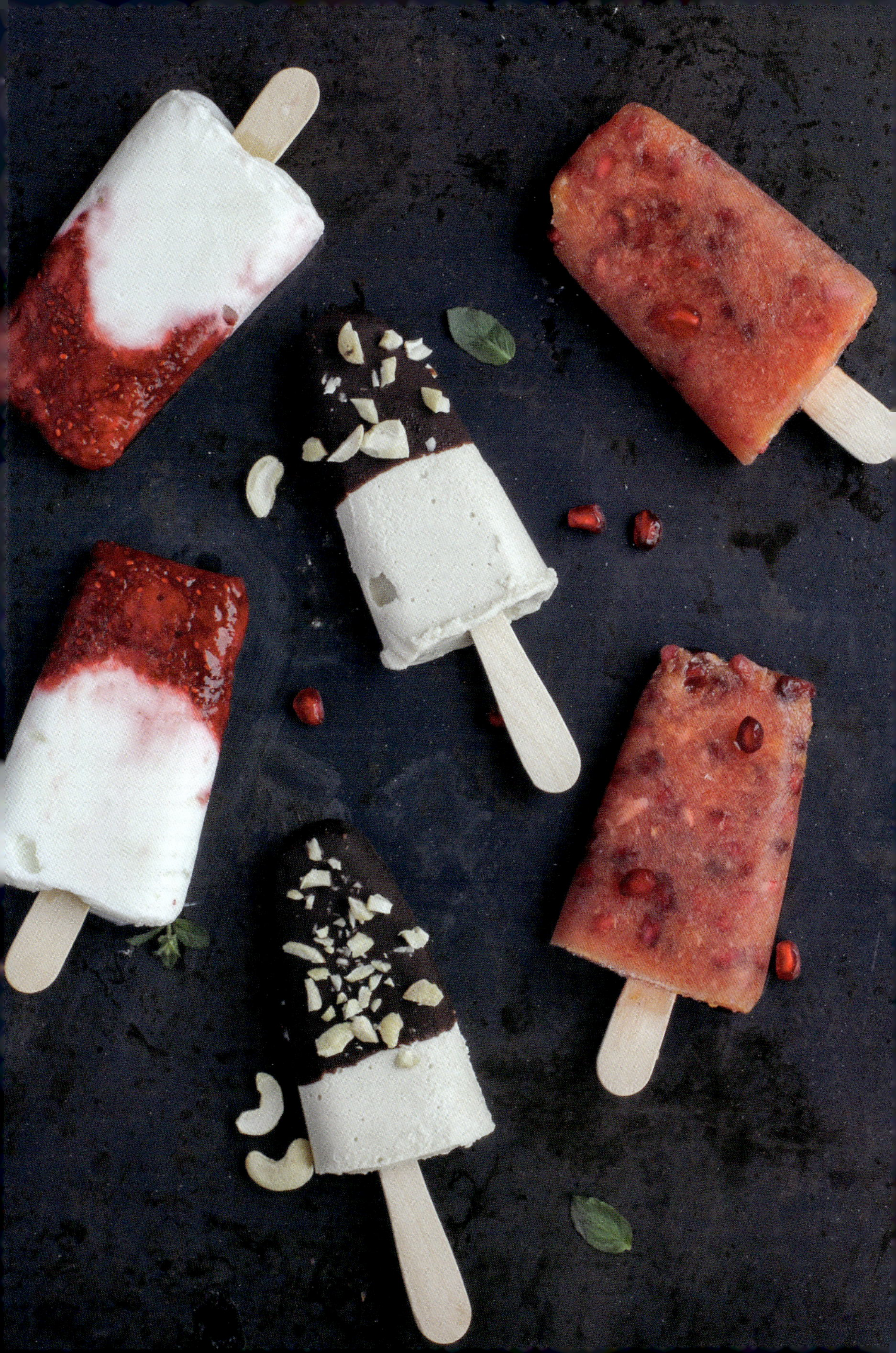

Zutaten und ihre Alternativen

Habt Ihr ein Rezept gefunden, das Ihr gerne kochen wollt, seid jedoch bei den erforderlichen Zutaten hängengeblieben? Es kann passieren, dass Ihr einige davon nicht zu Hause im Vorratsschrank habt. Oder Ihr wohnt in einem kleinen Ort und kommt an manche Produkte schlechter ran. Genau dafür haben wir diese Tabelle mit Alternativen vorbereitet, die als gleichwertiger Ersatz für die Zutaten im Rezept genutzt werden können. Wie könnt Ihr Euch in der Tabelle orientieren? Links befindet sich die ursprüngliche Zutat, rechts ihre mögliche Alternative.

Zutaten	**Alternativen**
Protein	Haferflocken
	Vollkornmehl
	geraspelte Kokosnuss
getrocknete Datteln	getrocknete Preiselbeeren
	getrocknete Feigen
	getrocknete Zwetschgen
	Rosinen
Carob	holländischer Kakao
Roggenflocken	Haferflocken
	Gerstenflocken
	Buchweizenflocken
	Dinkelflocken
Olivenöl	Sonnenblumenöl
	Kokosöl
	Butterschmalz
Mandelbutter	Erdnussbutter
	Cashewbutter
	Kokosbutter
Reismilch	Kuhmilch
	Sojamilch

	Mandelmilch
	Hafermilch
gemahlene Walnüsse	gemahlene Mandeln
	gemahlene Haselnüsse
	Kokosmehl
Eischnee	aufgeschlagenes Kichererbsen-Wasser
Ahornsirup	Honig
	Stevia
	Reissirup
	Dattelsirup
	Heidelbeersirup
	Dinkelsirup
	Maissirup
Quinoa	Vollkornreis
	Buchweizengrütze
	Vollkorncouscous
	Wildreis
Schalotte	kleine Zwiebel
Ricotta	Quark (Fettstufe)
	griechischer Joghurt
Zartbitterschokolade	Gemisch aus Kokosöl, Honig und holländischem Kakao
Harzer Käse	Olmützer Quargel

Wasserbad

Für das Wasserbad brauchen wir 2 Metallgefäße (ein größeres und ein kleineres – idealerweise einen größeren Topf und eine kleinere Schüssel), bei denen das kleinere Gefäß in das größere eingesetzt werden kann, ohne seinen Boden zu berühren. Als erstes füllen wir etwas Wasser in das größere Gefäß (nur so viel, dass die Oberfläche später nicht den Boden des kleineren Gefäßes berührt) und erhitzen es, bis es leicht zu kochen beginnt. Dann setzen wir das kleinere Gefäß mit den Zutaten, die wir schmelzen möchten, in das größere Gefäß ein und lassen den Inhalt des kleineren Gefäßes unter ständigem Rühren über dem Dampf schmelzen.

**Alle wunderbaren Rezepte
in einer Anwendung
Gratis zum Download im Google Play
und App Store
unter der Bezeichnung Gesund essen.**

**Wir betreiben auch eine mobile
App für Smartphones.**

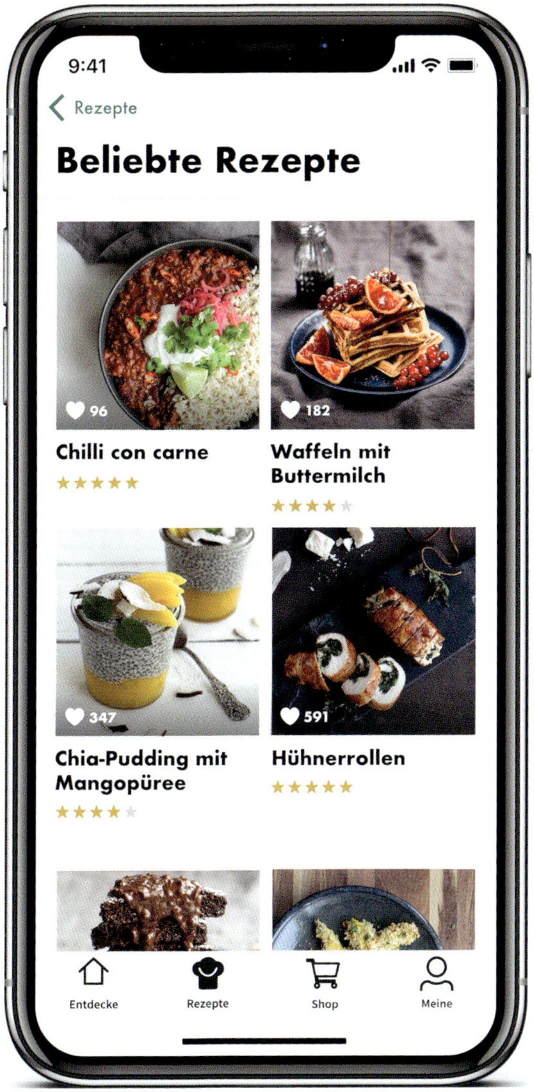
9:41
Rezepte
Beliebte Rezepte
96
Chilli con carne
182
Waffeln mit Buttermilch
347
Chia-Pudding mit Mangopüree
591
Hühnerrollen
Entdecke
Rezepte
Shop
Meine

Index

Haferpfannkuchen aus Hüttenkäse	10
Haferbrei über Nacht	12
Brownies-Waffeln	14
Acai-Bowl	16
Granola mit Mandelbutter	20
Ingwer-Granola	20
Apfel-Granola	21
Kakao-Granola	21
Bananenpfannkuchen	22
Chia-Pudding mit Mangopüree	24
Waffeln mit Buttermilch und Zimt	26
Überbackener Haferbrei	28
Gebackene Avocado mit Ei	30
Hausgemachter Frischkäse	32
Kakaodessert aus hausgemachtem Frischkäse	34
Ei-Aufstrich aus hausgemachtem Frischkäse	36
Rote-Linsen-Suppe	40
Kürbis-Apfel-Suppe	42
Suppe mit Kichererbsen	44
Gemüsesuppe mit Couscous	46
Karottensuppe mit Chili	48
Tomatensuppe	50
Couscous mit gebackenem Gemüse	56
Chili con Carne	57
Chicken-Nuggets	58
Gebackene Aubergine mit Pinienkernen	59
Überbackene Penne mit Ricotta	60
Karottenpuffer	60
Lachs mit Kartoffeln	61
Kartoffelauflauf mit Pilzen	62
Soba-Nudeln mit Hackfleischmischung	64
Blumenkohl-Curry mit Buchweizen	66
Blumenkohl-Pizza	68
Blumenkohl mit Chili und Rosmarin	70
Ingwerhühnchen mit Wildreis	72
Putenfleisch mit Quinoa	74
Hühnerrollen gefüllt mit Spinat und Parmesan	76
Zucchinipuffer	78
Avocado-Soße mit Nudeln	80
Kichererbsen-Soße mit Quinoa	82
Thunfisch-Frikadellen	84
Überbackene Champignons mit Fleisch	86
Kürbis-Hackbraten	88
Spinat-Pizza	90
Zwetschgenspieße	92
Eintopf	94
Nudelauflauf mit Thunfisch	96
Hühnerbrust mit Sahnesoße	98
Hafer-Minipizzas	100
Vollkorn-Käsespätzle	102
Butterschmalz	104
Avocado-Aufstrich	108
Kichererbsen-Aufstrich	110
Linsen-Aufstrich	112
Auberginen-Aufstrich	114
Thunfisch-Aufstrich mit Koriander	116
Quark-Aufstrich mit Schnittlauch	118
Gemischter Aufstrich auf Toast	120
Guacamole	122
Pikante Kichererbsen	126
Vollkorncracker	128
Vollkornquiche	130
Ei-Muffins	132
Dill-Dip	136
Dip aus gebackenen Tomaten	136
Erbsen-Dip	137
Dip mit Curry	137
Mais-Dip	137
Rote-Bete-Chips	140
Karotten-Chips	140
Wurzelpetersilie-Chips mit Mandeln	141
Zucchini-Chips mit Parmesan	141
Süßkartoffel-Chips	141
Vollkornbiskuits	144
Tiramisu	146
Bananenmuffins	148
Roulade mit Waldbeeren	150
Red-Velvet-Brownies	152
Mohnkuchen mit Äpfeln	154
Haselnusscreme	156
Avocado-Schaum	158
Bananen in Schokolade	160
Bananen-Apfel-Körbchen mit Quinoa	162
Brownies mit Pekannüssen	164

Donuts	166
Kakaocreme mit Tofu	168
Karottenmuffins mit Joghurtguss	170
Kokoskaramell	172
Schichtkuchen	174
Himbeerparfait	176
Honigkuchen aus Haferflocken	178
Käsekuchen mit Rosinen	180
Mini-Käsekuchen	182
Nuss-Stangen	184
Bratapfel	188
Buchweizen-Gugelhupf mit Preiselbeeren	189
Kardamom-Kekse	190
Zucchini-Lebkuchen	191
Cupcakes mit Heidelbeeren	192
Quarkkuchen	193
Dattel-Muffins	193
Hühnchensalat mit Radieschen	196
Salat mit Roter Bete	198
Salat mit Avocado	200
Salat mit Rindfleisch	202
Salat mit Mungo- und Tahinidressing	204
Salat mit Sonnenblumenkernen	208
Spinatsalat	209
Gurkensalat mit Dill	210
Obstsalat mit Ziegenkäse	211
Kartoffelsalat mit Preiselbeeren	212
Eiersalat mit Kurkuma	213
Salat mit Thunfisch und Erdbeeren	213
Grüner Smoothie	214
Kaffee-Smoothie	214
Rote-Bete-Smoothie	214
Erdbeer-Eis am Stiel mit Chiasamen	216
Eis am Stiel aus Cashew	216
Orangen-Eis am Stiel mit Granatapfel	216

Danksagung

Am Anfang des Kochbuchs steht, dass wir das Buch ganz alleine auf die Beine gestellt haben. Aber das stimmt nicht ganz. Hätte es nicht unsere Familien, Partner und Freunde gegeben, hätten wir es kaum zustande gebracht.

In erster Linie möchten wir uns bei all unseren Fans bedanken, die irgendwann unser E-Book gekauft haben, die uns auf Facebook folgen und die nach unseren Online-Rezepten kochen. Außer der unglaublichen Unterstützung gebt Ihr uns wertvolle Rückmeldungen. Wir wollten Euch nur sagen – hört nicht auf damit. Es bringt uns voran. Ohne Euch wäre dieses Kochbuch nie entstanden.

Wir danken Robert, der uns dabei geholfen hat, die Rezepte zusammenzustellen. Wir danken Martin, der mit uns die Fotos für das Kochbuch gemacht hat. Er hat den Reflektor, das Essen, das Stativ gehalten, manchmal auch den Fotoapparat… und vor allem hat er hinterher alles ordentlich aufgeräumt. Wir danken unseren Familien, die die Gerichte gekocht, getestet und aufrichtig probiert haben.

Gesund essen – schnell & einfach

Redakteur – Petr Novák, Martin Kostelecký
Grafischer Entwurf – Barbora Hlubučková
Fotografie der Rezepte – Barbora Lundgren
Fotografie Redaktion – Lucie Fenclová
Übersetzung: Sonja Pergler, Adam Pergler
Korrektur – Viola Somogyi
Druck und Bindung – Tiskcentrum s. r. o.
Herausgegeben vom Verlag – © VERDON CAPITE s.r.o., Prag 2021
als dessen 1. Veröffentlichung, 224 Seiten

Firmensitz: Bělehradská 858/23, 120 00 Praha 2
www.gesundessen.de

Sie können dieses Kochbuch unter www.gesundessen.de
oder bei guten Buchhändlern kaufen
Kontakt zu den Autoren: kundenservice@gesundessen.de
ISBN 978-80-88387-14-5

© VERDON CAPITE s.r.o., 2021, alle Rechte vorbehalten